추억 속 유머의 원작 최불암 시리즈

# 최불암 이야기 1

추억 속 유머의 원작 최불암 시리즈

# 최불암 이야기 1

**초판 1쇄 인쇄** 2021년 09월 10일
**초판 1쇄 발행** 2021년 09월 15일

**지은이** 편집부 편역
**그 림** 김호일
**펴낸이** 정문식
**펴낸곳** 도서출판 백암
**신고번호** 제313-2002-35호
**주 소** 서울시 마포구 신수동 219번지
**전 화** 02) 712-3733
**팩 스** 02) 706-9151
**이메일** baekam3@hanmail.net



**ISBN** 978-89-7625-239-5

책값 : 13,000원

추억 속 유머의 원작 최불암 시리즈

# 최불암 이야기 1

편집부 편역

김호일 그림

도서출판 **백 암**

책을 펼치며

# 반전을 뛰어넘는 반전

사람들은 왜 웃는가.

즐겁기 때문에 웃는다.

그러면 무엇이 사람들을 즐겁게 하는가.

특히 '언어'를 통해 즐거움을 선사한다고 하는 것은 어떤 경우이겠는가. 사람들이 모이면 '재미있는 이야기'들이 오고가게 마련이다.

재미있는 이야기를 통해 딱딱한 분위기를 이완시키기도 하고, 서먹서먹한 사이를 더 친근하게 만들고자 한다.

이 '재미있는 이야기'가 더러는 정치적 풍자로, 혹은 부조리에 대한 날카로운 해학으로 발전하기도 하지만, 분명한 것은 생활 속의 소재를 바탕으로 했을 때에만 그 현실적인 상황설정으로 인해 즐거움이 배가 된다는 점이다.

때문에 어젯밤 TV에서 본 코메디 프로의 한 장면이나 자신의 일상 속에서 벌어진 '어떤 경우'가 더 큰 웃음을 자아내게 한다.

여기서 곰곰이 생각해보면 '웃음'에 대한 하나의 공통점을 발견할 수 있다. '즐겁다'는 생각은 예측불허의 상황이 연출되었을 경우 도출된다는 것이다.

즉, 나무에서 떨어지는 원숭이, 도루를 하다가 바지가 찢어진 야구선수, 자살골을 넣은 축구선수 등 정상적인 궤도에서 벗어난 일련의 경우들이 그것이다. 즉, '우스갯소리' 라고 하면 대부분 어떤 예상치 못한 대답이 기다리고 있으며, 그 대답이 일반적인 상식을 뛰어넘기 때문에 듣는 이들은 카타르시스와 함께 즐거움을 얻는 것이다.

그러나 이러한 상황이 계속되다 보니 이제는 듣는 이들이 '다음엔 어떤 말이 나올까?' 하는 기대심리 속에 미리 예측을 하게 되며 웬만한 반전이 없이는 웃음을 불러일으킬 수가 없게 되었다. 오히려 무안을 당하고나 말까?

이때 '최불암 시리즈' 라는 새로운 시리즈물이 탄생하게 되었다. 즉, 고도의 넌 센스식 기대심리에 숙달된 우리들의 사고방식을 뛰어넘는 새로운 '우스갯소리' 가 필요했다는 점이 '최불암식 이야기' 의 탄생의 배경이다. 특정인물이 갖는 이미지를 이용하여 심한 반전이 있을 것이라 예상하지만, 오히려 지극히 정상적인 대답을 함으로써 듣는 이들의 기대심리를 철저히 짓밟아 버리는 새로운 방식이 그것이다.

흔히 이를 가리켜 '정치적 허무주의' '포스트모더니즘의 반영' 이라고 말하지만 그것은 지나친 비약이다. 단지 반전의 반전이라는 새로운 방식일 뿐이며 한 시기를 장식할 유행일 뿐이다.

여기에 소개하는 이른바 '최불암 이야기' 는 이러한 시류에 부응하여 폭발적으로 유행했던 '최불암식 이야기를' 모아놓은 것이다.

정통적인 초기 이야기는 30여 편에 이르며, 나머지는 다시 발전을 거듭하여 지금까지 인기를 끌고 있는 것들이다.

여기서 잠깐 최불암 이야기의 변천사를 살펴보면, 초기에는 허무한 결론이 가져다주는 '황당한 이야기' 가 주류를 이루었다. 즉 반전을 기대하는 청자(聽者)의 심리를 역이용하여 정상적인 대답을 하는 것이 '최불암식 이야기'였다는 것이다. 그러나 인기가 있는 곳에 아류가 있는법, 비슷비슷한 이야기들이 사람들 사이에 떠돌게 되었으며 이제는 "최불암이 등장하지 않고는 우스갯소리가 성립되지 않는다."는 상황이 된 듯하였다.

이렇게 한 시대를 풍미하며 하나의 유행을 이루는 우스갯소리를 집대성한다는 것은 각별한 의미를 갖는다. 그것은 오늘의 세태와 현대인의 사고방식을 이해하는 데 중요한 자료가 될 수 있기 때문이다. 그리고 이러한 책을 통해 꽉 짜여 진 일상에서 허덕이는 현대인들이 생활의 즐거움, 삶의 여유를 찾을 수 있기 때문이기도 하다.

끝으로 이 책의 재편집을 위해 수고를 해주신 편집부 여러분들께 감사의 마음을 전하며 본의 아니게 구설수에 오르신 최불암 씨와 그밖에 연예인들께 양해를 구한다. 이것이 스타만이 갖는 특권, 바로 유명세이겠지만…….

차례

## 준비~시작 !

최불암이 절벽 위에서 격투를 하고 있다. 코만도, 라모, 터미네이터, 코난, 스머프, (중간에 잠깐 쉬고 !) 캡틴파워, 베트맨, 원더우먼, 마징가 Z, 로버트 태권 V, 노사연, 산신령, 아수라백작 등이 포함된 사단 병력과의 싸움에서 승승장구하고 내려가는데 쿠웨이트 박을 선두로 1,000명 정도가 또 파도처럼 밀려오기 시작한다.

절벽에서 뛰어내리는 우리의 슈퍼스타 최불암 - 체중 80kg 신장 2개(어! 이거 아닌가! 실수!) 다시, 신장 178cm 허리둘레 34-

대기하고 있었던지 속도감 있게 다가오는 모터보트. 보트에 타고 있는 그 사람 바로 꾸숑.

"불암형님 오래간만이군요. 저기서 에어울프가 기다리고 있어요."

잠시 후 에어울프가 다가와 옮겨 타니 거기엔 A특공대, 맥가이버, 순돌이 아빠, 영심이 등이 있었다. 그들은 곧장 독도로 날아갔다.

그때 하늘 어디에선가 쩌렁쩌렁한 소리가 들려왔다.

"최불암 씨리즈 많이 기대해주세용~"

## 이 력 서

성　　명 : 최불암

본　　적 : 누굴?

성　　별 : 최

호　　주 : 가본 적 없음.

가족관계 : 가족과는 관계를 갖지 않음.

입사동기 : 아직 아무도 없음(입사를 해야 동기가 생기지!)

자기소개 : 우리 자기는 무척 예쁘다.

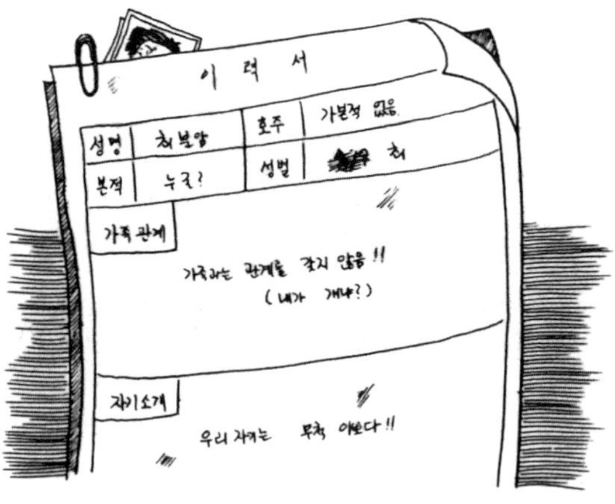

## 세살 버릇 여든까지

어느덧 최불암의 나이 여든.

몸도 마음대로 움직이지 않아 최불암이 어느 집 대문 앞에서 초인종을 누르지 못해 쩔쩔매는데 마침 한 꼬마가 지나가고 있었다.

"얘야. 초인종 좀 눌러주련."

최불암의 부탁에 꼬마는 키가 작아 잘 닿지 않는 초인종을 누르려 안간힘을 썼다. 초인종 앞에서 팔짝팔짝 뛰기를 10여분. 드디어 초인종을 누르는데 성공했다.

"띵똥!"

그러자 최불암, 꼬마의 어깨를 툭 치며

"야, 튀어!"

## 금덩어리 이야기

전원일기 야외녹화를 마치고 돌아가던 최불암은 산모퉁이에서 금덩어리를 발견하였다. 그런데 금덩어리가 너무 커서 다음날 가방을 가져와 담아가기로 한 최불암은 금덩어리를 땅에 묻어두고 이렇게 써놓았다.

“최불암이 파면 금, 다른 사람이 파면 뱀.”

마침 그 길을 지나가던 땅꾼이 이 푯말을 보고는 밑져봐야 “뱀”이라는 생각에 파보았다. 그런데 진짜 금덩어리가 있는 게 아닌가.

땅꾼은 금덩어리를 꺼내고 자기가 잡았던 뱀을 그곳에 몽땅 묻어놓고는 가버렸다.

다음날 새벽, 최불암은 즐거운 마음에 금을 묻어둔 장소로 달려가 열심히 흙을 팠다.

아니 이게 뭐야? 뱀이 아닌가!

그러자 최불암,

(뱀 대가리를 톡톡 치며)

“야 나야 나, 정신 차려 나 최불암이라니깐~”

## 은행털이

수사반장 10년의 경력을 이용 전국의 모든 은행을 턴 최불암은 마지막 한 은행을 털기 위해 컴퓨터를 배우기로 했다.

왜냐하면 그 은행은 모든 보안장치와 잠금장치가 컴퓨터로 작동되게 설계되었기 때문이었다.

컴퓨터 공부 3년.

어느 정도 자신이 생긴 대도(大盜) 최불암은 실행에 돌입했다.

첫 번째 관문, 두 번째 관문…… 마지막 금고까지 그동안의 노력에 힘입어 쉽게 열고 들어 갔다.

그런데 막상 금고까지 열고 보니 돈은 없고 요구르트 같은 것만 잔뜩 있는 게 아닌가.

허탈한 마음에 그냥 돌아갈까 했지만 3년간의 노력이 너무 허망해 그것들을 몽땅 마셔버리는 것으로 분풀이를 하였다.

다음날, 전국의 모든 일간지에는 다음과 같은 제목과 기사들이 톱으로 장식되었다.

"지난밤 정자은행 털리다."

## 버스에서 생긴 일 I

최불암 아저씨가 버스운전을 하게 되었다. 하루는

"소매치기야."

라는 비명이 들리는가 싶더니 웬 젊은 청년 한 명이 최불암에게 칼을 들이댔다.

소매치기 : 이봐, 차 세워.

최불암 : (아무 대답 없이 계속 운전을 하고 있다)

소매치기 : 이봐, 죽고 싶어! 차 세우란 말이야!

최불암 : (한번 째려보더니 다시 운전에 열중이다)

소매치기는 더 이상 참을 수 없다는 듯이 최불암의 한족 팔을 잡아챘다.

바로 이때 최불암이 소매치기를 보며 큰 소리로 말했다.
"야, 벨을 눌러야 차를 세울 거 아냐!"

## 버스에서 생긴 일 Ⅱ

최불암 아저씨가 밤늦게 운전을 하고 있는데 덩치가 최불암 아저씨 두 배만한 사람이 버스에 올라탔다.

덩　치 : 아저씨, 빨리 갑시다.
최불암 : (한번 힐끗 쳐다보고는 못들은 척한다.)

덩　치 : 이게 귀가 먹었나?
(큰 소리로)
아 · 저 · 씨 · 출 · 발!

그러자 최불암, 벌떡 일어나더니 그 덩치를 노려보며 말했다.

최불암 : 야, 너 요금 안 낼래?

## 버스에서 생긴 일 Ⅲ

어떤 아주머니가 아이를 안고 버스에 올라탔다.

그런데 아이가 얼마나 못생겼던지 버스 운전사가 운전을 하다말고 막 웃어버렸다.

기분이 상한 아주머니, 버스 회사에 찾아가 사장으로부터 공개사과를 요구했다.

그런데 그 버스 회사는 최불암이 인수해서 사장으로 있었다.

항의하는 아주머니에게 최불암.

"아주머니 그런 일이 있었다니 정말 죄송합니다.

여기 그 버스 운전사의 인상착의나 버스 번호를 적어주시면 알아서 조치하겠습니다."

하며 종이와 볼펜을 꺼내주었다.

그리고는 최불암,

“참, 글을 쓰시는 동안 그 원숭이는 제가 맡고 있죠.”

## 버스에서 생긴 일 Ⅳ

자율학습을 마친 한 여고생이 밤늦게 최불암 아저씨가 운전하는 버스를 탔다.

너무 피곤했던 여학생은 자리에 앉자마자 새근새근 잠이 들어 버렸다.

그런데 그 여학생이 깨어보니 버스 안에 승객이라곤 자기 혼자뿐이었고 버스는 외딴곳으로 가고 있었다.

여학생은 놀라서 소리쳤다.

"아악…… 절 내려주세요. 아저씨 이러시면 안돼요."

그 여학생은 최불암 아저씨를 강간범으로 생각했던 것이다.

그러자 최불암 아저씨가 화가 난 목소리로 말했다.

"벨을 눌러야 문을 열어주지."

## 버스에서 생긴 일 V

최불암이 운전을 하고 있는데 어떤 청년이 올라탔다. 운전석 뒷좌석에 앉은 청년은 주머니에서 술병을 꺼내 술을 마시려 했다. 이를 본 최불암이

"이봐요 버스 안에서 술을 마시면 어떻게 합니까."

하고 소리치자 깜짝 놀란 청년은 술병을 집어넣고 담배를 꺼내 물었다. 최불암이 다시

"금연이야, 금연!"

하며 소리치자 담배를 창밖으로 던져버린 청년, 기분 나쁘다는 듯이 최불암을 한번 쳐다보고 신문을 한 장 꺼내 들었다.

순간, 급브레이크를 밟은 최불암, 그 청년을 향하여

"야, 버스 안에서 똥을 누면 어떡해, 내려!"

## 버스에서 생긴 일 Ⅵ

늦은 밤, 동대문 버스정류장.

손　님 : 아저씨, 종로로 가려면 몇 번 타야 되죠?
최불암 : 한 번.

## 이발사와 최불암

이발소에 간 최불암은 이발사에게 잘 부탁한다는 말만하고 잠깐 눈을 붙였다.

그런데 동료와 잡담을 하며 머리를 자르던 이발사는 그만 실수하여 최불암의 머리를 영구처럼 만들어버리고 말았다.

잠에서 깬 최불암은 거울 속에 비친 자신의 모습을 보고 깜짝 놀라 이발사를 소리쳐 찾았다. 겁에 질린 이발사에게 최불암 왈,

"여기 얼마요?"

## 연쇄 살인사건

"엽기적 연쇄 살인사건
– 피해자 모두 얼굴에 검은 점 있어……"

어느 날 아침, 조간신문을 받아본 최불암 씨는 최근의 살인사건에 대한 기사를 읽고 있었다. 기사의 내용은 최불암이 살고 있는 동네에서 3차례에 걸친 연쇄 살인사건이 발생하였는데, 특이한 점은 피살자 모두 얼굴에 커다란 점이 있다는 것으로 보아 아마 용의자는 얼굴에 점이 있는 사람만 의도적으로 노리고 있는 것 같다는 것이었다.

식탁에서 밥을 먹고 있던 최불암은 갑자기 몰려든 불안감에 급히 거울을 들여다 보았다. 그런데…… 어제까지도 깨끗하던 자신의 이마에 커다란 점이 있는 것이 아닌가.

순간, 다음 살인사건의 표적이 되었다고 생각한 최불암 씨는 그 자리에서 자살을 결심한다.

다음날, 조간신문 사회면

"인기스타 최불암 씨 사망,

…… 얼굴에 김을 붙이고 …… 자살"

## 강물에 뛰어든 이유

어떤 젊은 아가씨가 강물에 빠져 허우적거리고 있었다.

하지만 주위 사람들은 구경만 할 뿐 살려달라고 애원하는 여자를 구하기 위해 아무도 뛰어 들지 않았다.

바로 그때, 한 중년 남자가 용감하게 나오더니 "첨벙"하고 물에 뛰어들었다. 자세히 보니 최불암 씨였다.

최불암은 열심히 헤엄쳐 물에 빠진 여자가 허우적거리는 곳까지 가서 그 여자에게 말했다.

"건너가게 비켜!"

## 수군통제사가 되다

때는 바야흐로 17세기,

평소 이순신 장군을 흠모하던 최불암은 왜군의 유탄에 장군이 돌아가셨다는 소식을 듣고 격분했다.

삼도수군통제사가 된 최불암은 일본이라는 섬으로 쳐들어가 그 복수를 하기로 결정했다.

군사를 모으고 대포와 거북선을 만들어 드디어 결전의 날이 밝아왔다. 거센 비바람을 뚫고 며칠간의 항해 속에 섬에 도착한 최불암은 거칠 것 없이 마구마구 진격했다. 섬은 완전히 초토화되었다.

그리고 얼마 후 최불암 놀라며 하는 말.

"망했다. 제주도다!"

## 갈구 I

길을 가던 백발의 최불암 선생이 깡패를 만났다.

평소 깡패에 대해서 혐오감을 갖고 있던 최불암 선생은, 그 깡패를 노려보다가 눈이 마주쳤다.

일촉즉발의 긴장되는 순간이 몇 분간 지속되었다가 눈싸움에서 상대방을 제압했다고 느낀 깡패가 먼저 말을 걸었다.

깡　패 : 너 갈구냐?

최불암 : 아니요. 전 불암인데요.

## 갈구 Ⅱ

최불암 아찌가 논두렁에 앉아 있었어요.
그때 한 청년이 지나가다 최불암 아찌와 눈이 마주치자
"너 갈구냐?"
하고는 휙 가버렸어요.
최불암 아찌 깊은 한숨을 쉬는데 다른 청년이 지나가다 또
"너 갈구지?" 하는 거였어요.
나이도 젊은 것들이 그럴 수 있어요?
어른한테 막 반말을 하고……
불쌍한 최불암 아찌, 먼 산을 바라보며 한마디 했대요.
"갈구가 누구지?"

## 갈구 Ⅲ

최불암은 금동이가 다니는 학교에서 전교 1등 하는 아이를 때려주기로 했다. 금동이가 요즘 2등만 한다고 실의에 빠져 있기 때문이다.

드디어 도서관에 찾아간 최불암은 늦게까지 남아 혼자 공부하는 그 학생을 발견했다.

몰래 다가간 최불암은 뒤통수를 한 대 갈겼다. 그런데 깜짝 놀라 최불암을 쳐다보던 그 학생은 다시 조용히 공부에 몰두하는 것이었다.

제풀에 열 받은 최불암,

"어? 이거 봐라. 야, 너 갈구냐?"

하며 또 한 대 내리쳤다.

억울하다는 표정으로 돌아본 학생,
"난 갈구가 아니라 맹구란 말예요."

## N · G

옷 잘 입고 깔끔한 탤런트 노주현이 속옷광고에 나온 이후 인기가 급상승했다는 소문을 들은 최불암.

이에 샘이 난 나머지 노주현에게 만나자는 약속을 잡아 속옷광고를 하게 해달라고 했다.

노주현은 대선배인 최불암의 얘기를 무시할 수 없어 어렵게 주선했다. 광고내용은 멋진 외출복을 입고 걸어가다 정면을 보고는 단 한마디

"패션의 시작입니다"

라고 말하는 것이었다.

몇 번 연습 후 촬영에 들어갔다. 드디어 마지막 한마디를 하라는 감독의 싸인에 한껏 여유잡고 연기하는 최불암.

"팬티의 시작입니다."

## 무뚝뚝한 남자

별로 말이 없는 최불암 때문에 그의 부인은 늘 시무룩했다. 왜냐하면 말이 없을 뿐만 아니라 평소 행동 역시 "목석" 그 자체였기 때문이다.

그러던 어느 날 최불암은 함께 영화를 보러가자는 의외의 제안을 해왔다. 영화표 2장을 선물 받았다는 것이었다. 한참을 보다가 부인이 문득 최불암을 바라보니 은은한 눈빛으로 영화에 심취되어 있는 게 아닌가. 그이에게도 이런 서정적인 분위기가 있었다니!

너무나 기분 좋은 그의 부인, 다소곳이 어깨에 머리를 기대었다. 그러자 낮은 목소리로 최불암이 속삭였다.

"니도 졸리제?"

## 김완선

인기가수 김완선이 최불암과 함께 택시를 타게 되었다. 그런데 그 택시 운전기사는 굉장히 무섭게 생긴 사람이었다.

계속 기사 쪽을 힐끔힐끔 쳐다보던 김완선은 최불암의 귀에 대고 속삭였다.

"최불암 선생님, 저 기사아저씨 너무 무섭게 생겼죠?"

그러자 최불암, 큰소리로 대답했다.

"야, 니 눈이 더 무섭다."

## 모르는 게 약

최불암과 유인촌이 암흑가의 조직을 맡고 있었다. 최불암은 보스 유인촌은 행동 대장이었다. 그런데 유인촌의 실수로 조직이 치명적 타격을 입게 되었다.

최불암 : 이런 바보 같으니, 도대체 어떻게 된 거야!

유인촌 : 면목 없습니다.

최불암 : (총을 꺼내며) 그동안의 정을 생각해서 한 번의 기회를 주겠다. 문제를 맞추면 살려주마. 못 맞추면……, 알지?

유인촌 : (긴장된 표정으로) 예, 형님 문제만 내 주십시오.

최불암 : 3 더하기 3은?

한참을 계산하던 유인촌은 알았다는 듯이 손바닥을 치고는 "3"이라고 대답했다. 그 순간 최불암의 눈은 회색 빛으로 싸늘히 식어갔다. 그리고 차가운 방아쇠를 당겨 총을 쏘았다.

"투앙"

유인촌, 억울하다는 표정으로 최불암을 쳐다보며 쓰러졌다.

그러자 최불암 왈,

"넌 너무 많은 것을 알고 있다."

## 그러나 내일은……

지휘자 금난새 씨에겐 고민이 있었다. 그것은 대원들이 번갈아 가며 연습에 불참하기 때문에 거의 연습을 하지 못한다는 것이었다. 하지만 백발이 성성한 심벌즈 주자 최불암 씨만은 한번도 빠짐없이 자기 자리를 지키고 있었다.

드디어 공연 전날, 그러나 정작 중요한 주자들이 마지막 연습에도 불참을 했다.

더 이상 참을 수 없다고 생각한 지휘자, 구석에서 심벌즈를 만지고 있는 최불암 씨를 앞으로 불렀다.

"여러분 최불암 씨 좀 본받으세요. 한 번도 연습에 빠진 적이 없어요. 연습은 곧 실전입니다."

그때 지휘자는 기절을 하고 말았다. 최불암 씨가 조용히 한마디 했기 때문이다.

"저……, 저는 내일 못 나오는데요."

## 주번은 어쩐다냐?

“불이야~”

초등학교에 불이 났다.

선생님은 아이들을 안전하게 대피시키고 모두 무사한지 인원을 점검하였다. 그런데 사람이 모자라는 것이었다.

최불암이라는 학생이었다. 걱정이 된 선생님이 건물을 보았을 때는 이미 교실 안쪽까지 불길이 치솟고 있었다.

그때, 갑자기 창문이 깨지더니 불 속에서 웬 손 하나가 불쑥 튀어나왔다. 최불암이었다.

“선생님~ 주번인데 나가도 되나요?”

## 전선위의 최불암

참새 시리즈 결정판!

포수가 전깃줄 위의 참새를 쏘려고 총을 겨누었다. 그런데 자세히 보니 슈퍼스타 최불암 선생이 참새들 옆에 두 손을 가지런히 모으고 쪼그려 앉아 있는 게 아닌가!

이상하게 생각한 포수,

"최불암씨, 전선위에서 뭘 하시는 겁니까?"

그러자 최불암,

"기냥."

## 스피드의 왕 I

하루는 최불암 아찌가 세발자전거를 타며 놀고 있는데 배트맨이 마구 놀려대며 오토바이를 타고 "쌩"하고 그 곁을 지나갔습니다. 그런데 유유히 달리던 배트맨은 백미러를 보고 깜짝 놀랐습니다.

왜냐하면 바로 뒤에 최불암 아찌가 성난 얼굴을 하고 바짝 쫓아오고 있었기 때문입니다.

배트맨이 시속 80km까지 속도를 올려 보았지만 최불암 아찌는 계속 따라붙었습니다.

더 이상 도망갈 곳이 없다고 생각한 배트맨은 오토바이를 세우고 사과하기로 했습니다.

배트맨 : 형님. 요즘 편안하십니까?

최불암 : 편안 못하다.

배트맨 : 아니, 그런데 어떻게 세발자전거로 80km나 달립니까?

최불암 : (아직도 숨을 헐떡거리며)

야! 오토바이에 허리띠가 걸렸잖아. 앙! 씩씩.

## 스피드의 왕 Ⅱ

어떤 여자가 자동차를 타고 가다가 길을 건너는 최불암을 치었다.

10미터 밖으로 나가떨어진 최불암. 그러나 그때 그의 두 눈에 갑자기 붉은 광채가 돌더니 아무렇지도 않다는 듯 일어났다.

겁에 질린 여자는 도망가기 시작했고, 최불암도 뛰기 시작했다. 여자가 탄 차가 60킬로미터로 달리는데도 계속 따라왔다. 80, 100킬로미터로 달렸으나 최불암은 쳐지지 않았다.

도망가기를 포기한 그 여자가 차를 세우고 최불암을 쳐다보았다. 최불암도 그녀를 노려보았다.

여　자 : 죄……죄송해요.

최불암 : (갑자기 다시 앞으로 뛰기 시작하며)
뭘?

## 꿩 사냥

"꿩이다."

"꿩 잡아라."

등산객들이 꿩 한 마리를 발견하고는 점점 포위해 들어갔다.

사방에서 죄어오는 것을 느낀 꿩이 "푸드덕"거리며 막 날아오르려는 순간, 우리의 슈퍼스타 최불암 아찌가 꿩 앞으로 뛰어나갔다.

잠바 안주머니에서 무엇인가를 꺼낸 최불암, 꿩을 보고 소리쳤다.

"꼼짝마, 경찰이다."

## 빵구가 안 나는 이유

전원일기 촬영장, 최불암 씨와 일용 엄마가 함께 길을 걷고 있었다. 두 사람은 각기 서로의 리어커를 끌고 있다.

한참을 끌고 가는데 “앗!” 일용이 엄마가 비명을 지르며 걸음을 멈추었다.

누군가가 압정을 뿌려놓아 리어커 바퀴에 빵구가 났던 것이다. 그런데 최불암의 리어커는 멀쩡했다.

일용엄마 : 아니 왜 빵꾸가 안 났죠?“

최불암 : 저요? (타이어를 만지며) 그야 타이어의 기본 아닙니까?

## 수술

최불암의 부모님은 불암이 여섯 살 때 편도선이 부어올라 병원에 데려갔다. 마취되어 수술준비를 하는 불암을 보자 부모님은 이번 기회에 포경수술까지 해주기로 하였다.

며칠 뒤 유치원에 나간 불암은 수술 받은 경험을 자랑스럽게 이야기하고 다녔다.

선생님을 본 불암은 선생님께 편도선 수술을 받아본 경험이 있느냐고 물어보았다.

선생님이 자주 편도선 수술을 한다고 하자 최불암,

"선생님, 꼬추가 되게 아프죠? 그죠!"

## 착 각

술에 만취한 최불암이 골목길을 걷고 있었다. 한참을 비틀비틀 걷던 최불암은 전봇대 앞에 서더니 잠시 머뭇거리다가 전봇대를 붙잡고 서너 바퀴 빙빙 맴을 도는 것이었다.

그리고 전봇대에 기대어 땅바닥에 펄썩 주저앉은 최불암 왈,

(체념어린 목소리로)

"큰일 났군, 사방이 완전히 막혀버렸어!"

## 첫날밤에

신혼 첫날밤. 제주도로 신혼여행을 온 최불암은 근사한 호텔에 방을 잡았다. 최불암이 목욕탕에 들어가 먼저 닦고, 다음에 신부가 들어갔다.

호기심이 발동한 최불암. 몰래 문틈으로 목욕탕을 들여다보았다. 그런데, 이런 한심한 일이 있나! 글쎄 그의 신부가 욕조를 닦고 있는 게 아닌가. 문을 벌컥 연 최불암은 신부에게 소리쳤다.

"여보! 거긴 아까 내가 닦었어~"

## 그래도 먹을래요

최불암과 유인촌이 농한기를 맞아 서울 구경을 왔다. 식사시간이 되자 의견의 일치를 보아 중국집으로 갔다. 짜장면이 나오는 동안 단무지를 집어먹던 둘은 마지막 한 개가 남은 시점에 치열하게 눈싸움을 벌이다 연장자인 최불암이

"너 맞고 먹을래, 내가 먹을까."

하는 제안을 내놓았다. 유인촌은

"때려요. 그래도 먹을래요."

하면서 쌍코피 터지도록 얻어맞은 유인촌!

그 와중에 단무지를 집어먹는 장한 유인촌!

손을 털고 자리에 앉으며 카운터를 향해 외치는 최불암의 말에 유인촌은 기절을 하고 말았다.

"아줌마, 여기 단무지 한 그릇 추가요."

## 걱정 I

「독수리 5형제」 마지막 회가 방영되던 날.

금동이와 나란히 TV를 보고 있던 최불암 씨는 근심어린 눈을 뗄 줄 몰랐다.

한참을 멍하니 앉아 있던 최불암 씨는 조용히 마당을 나와 밤하늘을 바라보았다.

눈물을 글썽이며 별을 바라보던 최불암 씨는 조용히, 그러나 심각하게 한마디 중얼거렸다.

"아~ 이제 지구는 누가 지킨단 말인가!"

# 걱 정 Ⅱ

금동이가 TV를 보고 있는데 밭에 나갔던 최불암이 허겁지겁 들어오면서 물었다.

최불암 : 얘, 「독수리 5형제」 시작했냐?

금동이 : 「독수리 5형제」는 이제 끝났고요, 오늘부터 「개구장이 스머프」가 대신해요.

이 말을 들은 최불암은 흐느끼며 밖으로 뛰쳐나갔다.

담배를 한 대 물고서 하늘을 쳐다보고는

최불암 : 아~ 스머프가 어떻게 지구를 지킨단 말인가?

## 걱 정 Ⅲ

「독수리 5형제」가 끝난 후부터 식음을 전폐하던 최불암은 다음날 새벽, 방송국에 전화를 걸었다.

"따르릉! ~"

최불암 : 거기 방송국이죠?
「독수리 5형제」가 끝났는데 이제 지구는 누가 지키나요?

방송국 : 아, 이제부터는 일요일 오전에 방영되는 우리의 용사 「캡틴 파워」가 지켜줄 겁니다.

최불암 : 예? 뭐라고요?
그럼, 평일 날은 누가 지키죠?

# 걱 정 Ⅳ

신문에서 TV 프로그램을 뒤적이던 최불암이 아들에게 말을 걸었다.

최불암 : 애야, 수사반장이 아마 끝났지?

아　들 : 네.

최불암 : 그럼 형사 25시는

아　들 : 그것도 끝났어요.

최불암 : (걱정스런 눈길로 아들을 바라보며)
　　　　거참, 그럼 범인은 누가 잡니.

## 최진실

"최진실은 암에 걸리지 않았다"를 세 글자로 줄이면?

답 : 최 불 암

## 문열어!

술에 취한 최불암이 새벽 두시쯤 어느 일류호텔 교환실에 전화를 걸어 호텔 지하 술집이 몇 시에 문을 여는지 물어보았다. 교환은 아침 10시는 되어야 한다고 말해주었다.

새벽 4시, 최불암은 다시 전화를 걸었고 교환은 상냥하게 10시에 연다고 알려주었다.

새벽 5시, 최불암은 다시 완전히 취해버린 목소리로 물어봤다.

교 환 : (짜증스럽게) 지하 술집에 들어가시려면 열시까지 기다려야 한다니까요!

최불암 : 아니 뭐요? 들어가긴 어딜 들어가. 난 지금 이곳에서 나가려는 거라구!

## 최후의 선택

행글라이더를 타던 최불암 씨가 이상 기류에 휘말려 곤두박질치고 있었다.

다급해진 최불암 씨에게 마침 아래쪽에 웬 줄이 있는 것이 보였다.

침착하게 행글라이더에서 탈출하여 그 줄을 잡긴 잡았는데……이럴 수가 !

십만 볼트의 고압전류가 아닌가.

순간, 최불암 씨는 최후의 선택을 할 수밖에 없었다.

"캡틴 파워, 초자력 충전!"

하고 외쳤던 것이다.

## 불암과 콩나무 I

길을 가다 강낭콩을 주운 최불암은 「재크와 콩나무」를 연상하며 집앞에 묻어두었다.

다음날 아침, 정말 콩나무가 자라나 하늘 꼭대기까지 뻗어있었다.

신이 난 최불암은 열심히 올라갔다.

구름 위까지 올라가 보니 그 곳엔 거인이 살고 있었다.

그 거인은 사람을 잡아먹는 식인괴물이었다.

최불암을 발견한 거인,

"내려가!"

## 불암과 콩나무 Ⅱ

거인에게 복수를 하기로 한 최불암은 날이 선 도끼를 하나들고 다시 올라갔다.

그런데 거인 대신에 김혜자가 커다란 황금알을 품고 있는 게 아닌가!

최불암은 김혜자가 잠든 사이에 그 황금알을 훔쳐가지고 내려왔다. 다 내려온 최불암은 콩나무를 베어버리기 시작했다.

드디어 콩나무가 넘어가는 순간, 황금알이 갑자기 갈라지더니 어린 아이가 태어났다.

"금동이"였다.

## 성냥팔이 소녀

최불암 아찌가 빨간색 오토바이를 타고 강변도로를 달리고 있었다.

멋진 헬멧을 쓰고 최고 속도로 신나게 달렸다. 그때 어디선가 요란한 자동차 소리에 섞여서 무슨 비명소리 같은 것이 들리는 것이었다. 급히 오토바이를 세우고 소리나는 쪽으로 가보았다.

그런데 한 소녀가 위험하게 도로변에서

"성냥 사세요!"

하고 외치는 게 아닌가?

최불암은 헬멧을 벗고, 담배를 입에 문 채 소녀가 있는 곳으로 달려갔다. 그리고 소녀를 보며 말했다.

"안 사."

## what time is it now?

최불암이 공항에 갔다. 허겁지겁 지나가던 외국인이 최불암에게 물었다.

외국인 : what time is it now?
최불암 : (곰곰이 생각하다)
My name is 최불암.

고개를 갸우뚱하던 외국인이 다시 한 번 천천히 물었다.
외국인 : what time is it now?

그러자 자신 있게 최불암도 천천히 대답을 했다.
최불암 : My name is 최불암.

은근히 화가 난 외국인은 더 큰 소리로 되물었다.
외국인 : what time is it now?

그제서야

최불암 : oh, I'm sorry.

라고 한 후 하는 말

My name is 불암 최.

## 남량특집

부슬비가 내리던 어느 날 밤.

시계는 12시를 가리키고 있다.

밤늦도록 전원일기를 녹화하던 최불암은 갑자기 배가 아파 옴을 느꼈다. 급한 김에 세트로 빌려 쓰던 허름한 시골집 변소로 뛰어 들어갔다.

사방은 거미줄이 쳐있고, 을씨년스러운 부슬비가 지붕을 덮은 볏집에 축축이 배어 나오고 있다.

왠지 귀신이 나올 것만 같은 분위기를 느끼며 최불암은 아랫배에 힘을 주었다.

"응~가 …… 응~가 ……"

무사히 일을 마치고 일어나는 순간!

변소 밑에서 갑자기 빨간 손이 "불쑥" 올라오는 게 아닌가. 그리고 왠 노파의 목소리!

"요 녀석의 변색이 황금색인 걸 보니 대장이 튼튼한 모양이야."

## 연못 속의 신령님 Ⅰ

화장실 컴플랙스에 걸린 최불암은 전원일기 녹화중엔 야외를 이용하는 버릇이 생겼다.

어느 날 급한 볼일을 보고난 최불암은 그냥 놔두느니 거름이라도 쓸 수 있겠다 싶어 똥을 운반하려다 그만 연못에 빠트렸다.

그러자 연못 속에서 신령님이 나타났다.

신령님 : 이 "쇠똥"이 네 똥이냐?

최불암 : 아니옵니다.

신령님 : 그러면 이 "은똥"이 네 똥이냐?

최불암 : 아니옵니다.

신령님 : 아하, 그렇다면 이 "금똥"이 네 똥이겠구나?

최불암 : 예, 그러하옵니다.

신령님 : (껄껄 웃으며)

변 색깔이 황금색인 걸 보니 대장이 튼튼하겠구나."

## 연못 속의 신령님 Ⅱ

조춘이 선을 보러 가는데 갑자기 바람이 불어 그만 모처럼 맞춘 가발이 연못으로 날아가 버렸다. 그러나 다행히 평소 그의 노력에 호감을 가지고 있었던 한 신령님이 나타나 금, 은으로 만든 가발과 조춘의 가발을 보여주며 어느 것이 네 것인지 말하면 주겠다고 했다. 조춘이 정직하게 말하자 신령님은 감복하여 금, 은으로 만든 가발까지 모두 주었다.

이 소식을 들은 최불암, 그 연못으로 달려가 머리카락을 억지로 마구 쥐어뜯고는 엉엉 울었다. 머리카락을 찾아달라고.

신령님 : 이 금털이 네 것이냐?
최불암 : 아니옵니다.
신령님 : 이 은털이 네 것이냐?
최불암 : 아니옵니다.
신령님 : 그러면 이 머리카락이 네 것이냐?

최불암 : 예, 맞사옵니다. 제 것이 틀림없습니다.

신령님 : 네 이놈! 너 때문에 하수구가 막혔다. 아호, 저걸 그냥.

## 타잔과의 만남

최불암이 아프리카 정글을 탐험하고 있었다. 그런데 타잔이 넝쿨을 타고 지나가면서 최불암의 머리를 때리는 것이었다. 화가 머리끝까지 오른 최불암. 타잔을 쫓아가기 시작했다.

얼마쯤 가다보니 갑자기 치타가 나타나 앞을 가로 막았다. 이때 최불암 왈.

"비켜~"

## 너 많이 아프지?

밭일을 마치고 기찻길을 따라 집으로 가던 최불암이 철로 변에서 무엇인가를 발견했다.

“앗” 이건 다리 같은데?“

조금 더 걷다가 또 무엇인가를 발견했다.

“어? 이건 팔 같구만.”

그리고 두어 발자국 걷던 최불암은 무엇인가를 보더니 깜짝 놀라며 말했다.

“아…… 아니! 이건 일용이 머리잖아?

(머리를 마구 흔들며)

일용아, 정신 차려! 너 많이 다쳤니?“

## 딴 것도 있는데……

서울역 앞에서 행상을 하던 최불암은 겁도 없이 깡패 같은 남자에게 다가갔다.

최불암 : 홍삼원 사세요!

남　자 : (최불암 뺨을 때리며)

야, 내가 늙은이냐, 벌써 홍삼원을 먹게?

재수가 없을 라니까……

최불암 : (뺨을 싸쥐고 기어들어가는 목소리로)

MVP 초코렛도 있는데……

## 슈퍼맨과의 차이

슈퍼맨과 배트맨 그리고 슈퍼스타 불암 형님이 비행기를 타고 가다가 사고가 났다.

비행사로부터 사고 소식을 들은 슈퍼맨,

"슈퍼 ~ 매앤"하며 날아가 버렸다.

배트맨은

"배트 ~ 매앤"하면서 뛰어내렸다.

마지막 남은 최불암,

"최불아 ~ 암"

하며 뛰어내렸다.

그리고 "찍"

## 빗나간 소원 I

산에서 열심히 나무를 베던 최불암은 어느 날 옷이 찢겨진 가련한 선녀를 만나게 되었다.

전날 밤 꿈이 좋았던가.

옷을 꿰매주자 선녀는 그에게 세 가지 소원을 말하라고 하는 것이었다.

최불암은

첫째, 얼굴은 유덕화.

둘째, 몸매는 아놀드 슈왈츠제네거.

그리고, 세 번째로는 평소 열등감을 가지고 있었던 거시기를 옆에 지나가던 소의 것만큼 크게 해달라고 하였다.

동네로 내려간 최불암. 동네 처녀들이 자신을 보고 기절할 듯 좋아하자 흥분하여 바지까지 훌렁 벗어버린 순간- 동네 처녀들은 모두 기절을 하였다.

알고 보니 그 소가 암소였다나?!?!

## 빗나간 소원 Ⅱ

불암의 마음씨가 착하다는 소문이 하늘나라에 까지 퍼져 옥황상제는 그의 소원을 세 가지 들어주기로 했다.

기쁨을 이기지 못한 최불암은 겸손하고도 차분하게 소원을 말했다.

"먼저 몸을 우유 빛으로 해주시고요, 그리고 날개를 만들어 주셔요. 또 언제나 여자 밑에서 일하게 해주시면 소원이 없겠구먼요."

그런데 이 일을 어쩌나.

최불암은 날개달린 「위스퍼」가 되어버렸으니……

## 지랄하고 있네

최불암이 어렸을 때의 이야기입니다. 하루는 엄마와 아빠가 막 싸웠습니다. 그런데 최불암이 전혀 알아들을 수 없는 말들이 오고 갔습니다.

다음날 학교에 간 최불암은 선생님께 "이년" "이놈" "지랄하네"가 무슨 뜻인지 물어보았습니다. 그랬더니 선생님은

"이년은 여자를 말하는 것이고 이놈은 남자, 지랄하네는 기도라는 뜻이다." 라고 얼버무렸습니다.

세월이 흘러 최불암은 성직자가 되어 어느 마을을 찾아갔습니다. 마을 주민들을 모아놓은 최불암은

"이년, 이놈 다 같이 지랄합시다." 라고 말했답니다.

## 뭐든지 한다구?

날씬한 작은 몸매의 여대생이 강의가 끝난 후 찰싹 달라붙는 쉐터를 입고 최불암 교수한테로 가서 아양을 떨었다.

“오늘 시험성적이 신통치 않은 것 같아요. 낙제점수를 면하기 위해 뭣이든지 하겠어요.”

최불암 교수는 눈을 부릅뜨고

“학생, 뭐든지 하겠다구?”

“그럼요, 시키는 대로 뭣이든지요.”

그러자 최불암,

“그럼 공부해요.”

## 망신

사장이 된 최불암은 여비서에게 눈독을 들여 꾀어봤으나 그녀는 정중하면서도 빈틈이 없었다. 최불암은 그녀의 생일을 기억하고 축하를 한다며 저녁을 같이 하자고 얘기해보았다.

뜻밖에 비서가 동의를 하자 최불암은 점잔을 빼면서 일찌감치 식사를 마치고 그녀의 아파트까지 바래다주겠다고 했다.

그러자 그녀는 한 잔 하고 가라고 최불암에게 말했다. 신이 난 최불암은 일이 잘되어 간다고 속단하고 방에 가서 기다리라는 말에 옷을 훌랑 벗어던지고 금방 거실로 나갔다.

최불암이 방문을 나서는 순간 "생일축하" 합창이 시작되었다.

전 직원이 대기하고 있었던 것이다.

## 병원에서

병원에 난생 처음 입원한 최불암은 병실의 갖가지 물품이 매우 신기해 이것저것 만져보았다. 그런데 침대 옆에 웬 줄이 하나 있었다.

최불암 : (줄을 가리키며) 이게 뭐야?

간호사 : 초인종 이예요.

최불암 : (몇 번 잡아당겨보더니) 어? 소리가 안 나네?

간호사 : 이건 소리가 나는 게 아니라 간호사가 볼 수 있게 복도에 불이 들어오는 거랍니다.

최불암 : (간호사가 밖으로 나가자) 참내 복도에 불을 켜고 싶으면 지들이 결 것이지 왜 환자한테 시켜?

## 쉿!

아버지의 승진을 축하해서 가족이 하와이로 여행을 가는데 기내에서 불암이랑 혜자랑 인촌이 삼형제가 너무 시끄럽게 굴었다.

그러자 기내 여승무원이 큰 소리로 말했다.

“야! 밖에 나가 놀아!”

## 터미네이터 I

터미네이터 주인공 아놀드 슈왈츠제네거가 위성 TV로「전원일기」를 보고 있었다.

화면에는 금동이가 터미네이터 3을 재미있게 보고 있었는데, 최불암이라는 자가 금동이 방에 들어오더니

"공부는 안 하고 이런 저질 영화만 보냐!"

며 금동이를 빗자루로 마구 때리는 장면이 방영되었다.

화가 난 아놀드

"날 무시하다니……"

그는 일단 무기고를 털었다. 그리고 한국행 비행기 바퀴에 매달려 한국으로 왔다. 그는 도착하자마자 여의도로 달려가서는 온갖 개인화기로 방송국을 박살내버렸다.

막 돌아서려던 그는 폐허 속에서 손 하나가 움직이는 것을 발견하였다.

아놀드 : 이봐, 최불암은 어디 있나?

남　자 : 여…여…기는 K…K · B · S 걸랑요…

## 터미네이터 Ⅱ

21xx년 x월 x일.

지구는 기계로 인해 폐허가 되고 있었다. 기계는 인간 전투대장의 어머니인 쎄라코너를 죽이기 위해 터미네이터를 보낸다. 인간 전투대장인 그도 자신을 살리기 위해 터미네이터를 보내기로 했다.

202x년 x월 x일. 어느 뒷골목 트럭이 몇 대 서있는 곳에 갑자기 전기적 충격이 발생하더니 강한 바람이 일어났다. 그 속에서 순간적인 빛이 번쩍하더니 누군가가 한쪽 무릎을 꿇고 앉아 있었다.

최불암! 바로 그였다.

그는 먼저 오토바이가 서 있는 술집을 보았다. 모두 다섯 대였다. 그중 세 번째 오토바이를 유심히 살핀 그는 술집 안으로 들어간다. 그는 아무것도 입고 있지 않았다.

모두의 시선이 자기에게 쏠리는 것도 아랑곳 않고 그 중 한 사람에게 다가가 그의 멱살을 잡는다.

"밖의 세 번째 오토바이가 네 것이냐?"

놀란 그 사람은 저항을 하려 했지만 역부족이었다.

"네……."

최불암은 씩 웃으며 말했다.

"빵꾸났어! 빵꾸 안 때울라우?

## 단 한번

최불암의 단짝 연기자 김혜자.

「전원일기」 녹화를 마친 후 그날 분 출연료를 걸고 침 뱉기 내기를 하였다.

자신 있던 최불암은 의외로 보기 좋게 지고말자 억울한 나머지 입 수술을 하러 병원에 갔다.

의사는 단 한번밖에 효과가 없다고 힘주어 예기했다.

기다리던 다음 주 녹화 날.

「수사반장」 녹화비 전부를 판돈으로 건 최불암은 김혜자에게 도전장을 냈다.

치열한 접전이었다.

챔피언 김혜자 5m, 도전자 최불암 6m.

최불암이 회심의 미소를 짓는 순간 김혜자의 앙칼진 외마디.
"불암아! 금 밟았잖아, 다시 해!"

## 나 주세요

겨울방학을 앞두고 선생님은 방학동안 감기에 걸리지 않도록 어린이들에게 훈화를 하고 있었다. 선생님은

"여러분 또래의 내 동생은 종일 스케이트를 타고 눈싸움을 하며 놀다 폐렴에 걸려 죽었어요."

그러자 교실엔 한참동안 침묵이 흘렀는데 뒤쪽에서 최불암이 물었다.

"선생님, 그 스케이트는 어떻게 했나요?"

## 키트 I

비 내리는 서울역 앞.

다 뜯어진 옷을 입고 살만 남은 우산을 쓴 남자가 씩씩하게 외쳤다.

"나는 천하무적 람보다. 푸하하하 ……"

이를 지켜보고 지나가던 아가씨가 혀를 차며,

"저 사람 머리 좀 돈 거 아냐?

내가 마돈나인지도 모르고 있으니 ……"

그러자 옆에 있던 최불암은 자신의 소나타 승용차에 시동을 걸면서 걱정스럽게 예기했다.

"요즘은 미친 사람이 참 많아.

어서 가자 키트."

## 키트 Ⅱ

머리를 맥가이버처럼 자른 최불암이 택시를 탔다.

손님이 탤런트 최불암 씨임을 알아본 운전기사가 아는 척을 하자. 자기는 최불암이 아니라 맥가이버라고 우기기 시작했다.

한참을 싸운 끝에 결국 최불암 씨임을 확인한 운전기사는 의기양양하여 핸들을 두 번 "탁탁" 치더니

"그러면 그렇지, 자, 가자. 키트!"

하는 것이었다.

## 정말 웃긴다!

전원일기 녹화를 준비하던 최불암은 유인촌으로부터 자신을 소재로 한 이야기를 전해듣게 되었다.

많은 이야기를 하나하나 다 듣고 난 후 최불암이 하는 말,

"안 · 웃 · 겨!"

## 그럼 나는?

생물시험시간

"다음은 어떤 새의 발 모양인가?"

문제를 훑어보던 불암은 그 자리에서 벌떡 일어나 교수에게 다가갔다.

최불암 : 아니, 도대체 발 모양만 보고 어떻게 새의 이름을 맞춘단 말입니까? 얼굴이면 몰라도.

교　수 : (화가 난 목소리로)
공부를 안 했으면 그만이지 뭘 그리 따지나!
학생 이름이 뭔가?

최불암 : (갑자기 발을 교탁에 올려놓으며)
　　　　맞춰봐.

## 이 유

비가 내리는 어느 날 바바리 코트 차림의 최불암 씨가 우산도 없이 길을 걷고 있었다.

그 모습이 너무 멋있어 지나가던 한 아가씨가 말을 건넸다.

"저~ 선생님. 겨울비를 좋아하시나 보죠?

우산도 쓰지 않고 ……."

그 아가씨를 은은한 눈빛으로 바라보던 최불암은 탁한 목소리로 대답했다.

"우산이 없어."

## 스포츠맨 최불암 Ⅰ

최불암이 대입고사를 치르고 나서의 공백 기간 중에 한 것은 축구였다. 물론 오래 못 버티고 쫓겨났지만.

그런데 어느 날

"불이야! 사람 살려, 불이야!"

최불암이 위를 쳐다보니 빌딩에서 한 여인이 아이를 안고 있었다.

"던지세요, 애를 저에게 던져요!

전 골키퍼예요, 그러니 안심하고 ……"

그 말에 여인은 아이를 던졌다.

"휙" 그러나 그 여인은 기절하고 말았다.

최불암은 떨어지는 아이를 펀칭해버렸던 것이다.

## 스포츠맨 최불암 Ⅱ

농구를 배워보기로 결심한 최불암은 농구공을 사들고 농구장에 나갔다.

TV에서처럼 농구공을 몇 번 튀기고는 막 슛을 쏠려고 하는데 갑자기 어떤 사람이 튀어나오더니 공을 빼앗아 덩크 슛을 하고는 사라져버렸다.

기분이 나빴지만 참기로 하고 다시 슛 자세를 취했다.

그런데 또 어디선가 사람이 뛰어오더니 이번에도 공을 빼앗아 슛을 쏘고는 가는 게 아닌가?

화가 머리끝까지 솟은 최불암은 주위를 둘러보며 소리쳤다.

(농구공을 두어 번 튀긴 후에)

"야, 다음--"

## 저승 가는 길

최불암, 조용필, 조춘이 저승에 가게 되었다. 저승 가는 길이 멀고 험한데다가 사방이 칠흑처럼 어두웠기 때문에 저승사자가 조용필에게는 후래쉬를, 최불암에게는 라이타를 주었다.

한참을 걷던 최불암은 화가 치밀었다. 자기보다도 후배인 조용필은 강력한 후래쉬로 편하게 가는데, 자기는 라이타로 길을 밝히자니 여간 불편한 것이 아니었다. 이를 따지는 최불암에게 저승사자는 가소롭다는 듯 말했다.

그래도 자네는 행복한 걸세. 뒤에 오는 조춘을 보게나."

최불암이 뒤를 돌아보자 조춘이 비틀비틀 걸어오고 있었다. 부싯돌로 머리를 딱! 딱! 내려치며.

## 시리즈의 비밀

이 이야기는 극비에 속하는 사항임을 밝혀둡니다.

최불암 시리즈가 공전의 히트를 계속하는 이유를 역 추적한 결과 소문의 근원은 MBC 탤런트 중에 원로인 최불암 씨가 탤런트 노조의 일에 비협조적이자, 그의 이미지를 격하시키기 위해 그가 주인공으로 등장하는 우스갯소리를 만들어 퍼뜨렸다는 것.

가장 중요한 비밀 또 하나. 그런데 이게 바로 최불암 시리즈 71번째 이야기임.

## 최불암 너만은 ……

주윤발이 수사반장 최불암에게 협조를 요청해왔다. 갱단을 처치해야 하는데 도와줄 수 없느냐는 것이었다.

주윤발과 최불암, 갱단의 아지트인 빌딩으로 잠입했다. 그러나 이를 눈치 챈 갱단은 모든 인원과 조직력을 동원, 이들을 죽이려했다. 일대 격전이 벌어졌다.

쏘고 구르고 피하고, 쌍권총에 산탄총, 주윤발의 화려한 독무대였다. 그러나 주윤발의 가슴에 총탄이 박히고 말았다.

주윤발, 최불암에게 쓰러지며 말한다.

"윽… 불암, 너… 너만은… 살아… 다오…"

그러자 최불암,

"야, 피 묻는다. 피 묻어."

## 감옥의 질서

최불암, 노사연, 이경규가 교도소에 수감되었다.

각기 형량은 10년.

교도소의 규칙은 각 방마다 10년 동안 쓸 수 있는 분량을, 무엇이든 1가지만 넣어줄 수 있도록 되어 있었다.

노사연은 밥을, 이경규는 여자를 택했고 최불암은 담배를 달라고 했다.

그리고 10년 후.

교도관은 감방 문을 열어보았다.

엄청난 밥을 먹은 노사연은 자기가 배설한 배설물 속에 파묻혀 허우적대고 있었고

이경규는 10여명의 아이들을 보느라 정신이 없었다.

그리고 마지막으로 최불암이 들어있는 방의 문을 열자 최불암 쏜살같이 달려 나와, 교도관에게 애원했다.

"불…… 불 좀 빌려주소."

## 사람은 죽어 이름을 남긴다

한 꼬마와 「스트리트 파이터(Street Fighter)」라는 오락으로 시합을 하던 최불암은 꼬마에게 계속 지고 말았다.

연속해서 5판을 진 최불암은 씩씩거리기 시작했고, 꼬마는 겁이 났다.

무서워서 꼬마는 오락을 그만하자고 했고 최불암도 그러자고 했다. 그런데 최불암은 집에 가지도 않고 그 자리에 계속 앉아 화면만 노려보고 있는 게 아닌가.

궁금하게 여긴 꼬마가 왜 안가고 앉아있느냐고 물었다. 그러자 최불암은 천천히 고개를 돌리며,

"이름 새겨야지."

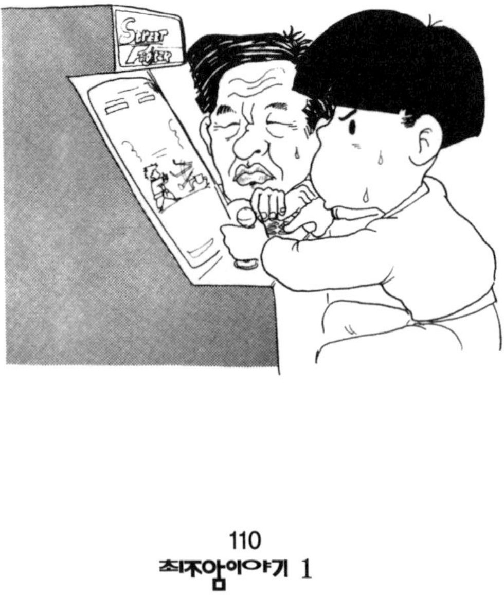

# 7 · 7 · 7

'뭔가 좋은 일이 있을 것 같은 예감' 때문에 최불암은 무작정 거리로 나왔다. 왜냐하면 아침에 잠이 깨어 시계를 보았더니 7시 7분 7초였기 때문이다.

그런데 길을 걷는 최불암 앞에 「777번」 좌석 버스가 지나가는게 아닌가. 무심코 그냥 타보았더니 그 버스의 종점이 뚝섬 경마장이었다.

'그래 이거다'

일단 7번 레인으로 가보았다. 이럴 수가! 출전하는 말이 7번을 달고 있었다.

급히 집으로 전화를 한 최불암은 전 재산을 가져오라고 했다.

경마가 끝났을 때 그는 완전히 망해버렸다.

그 말이 "7등"을 한 것이었다.

## 앗! 실수 I

최불암, 이경규, 노사연은 수 천 미터 되는 절벽에서 자살을 하기로 했다.

먼저 이경규가 뛰어내렸다. 떨어지는 동안 경규는 갑자기 억울해 하느님께 외쳤다.

"하느님, 죽기 전에 결혼이나 실컷 해보게 해주세요."

그랬더니 하늘에서 수천 명의 여자가 내려왔다. 다행히 아래는 바다여서 이경규는 무사히 육지로 되돌아갔다.

다음은 노사연, 그도 하느님께 이렇게 외쳤다.

"저는 세계 각국의 음식을 맛보게 해주세요.

아니나 다를까 세계 각국의 진미가 수없이 쏟아져 내렸다.

그리고 다음은 슈퍼스타 불암선생.

욕심이 생긴 그는 뛰어내리며

"저는 여자, 음식 둘 다요."

라고 외쳤다. 그런데 먼지 하나 내려오지 않았다.

그러자 화가 난 불암선생은 무심코 “에이…… 시불알”하고 내뱉었다. 그랬더니 무엇인가가 갑자기 쏟아져 내렸다.

## 앗! 실수 Ⅱ

최불암, 노사연, 이경규가 이번에는 유명한 도사를 찾아갔다.

입산수도 10년.

드디어 모든 수도생활을 마치고 스승님과의 작별을 고하는데, 스승은 세 제자에게 한 가지식 소원을 들어 주겠다고 했다.

신이 난 이경규가 먼저 달려가며

"나는 용이다!"

라고 외쳤고, 진짜 용이 되어 구름 속으로 사라졌다.

평소에 늘 날씬한 것을 흠모하던 노사연도 똑같이 달려가며,

"나는 학이다!"

라고 외치고는 학이 되어 날아갔다.

마지막 우리의 슈퍼스타 최불암.

스승님 앞으로 누구보다도 멋지게 달려가서 소원을 말하려고 진짜 벼르며 막 달려가려던 최불암, 힘차게 내디딘 오른발로 전해오는 묘한 느낌에 땅바닥을 보는 순간, 자기도 모르게 한마디 하고 말았다.

"윽, 똥이다!"

## 합병증

담배를 너무 많이 피우던 최불암은 아무래도 폐가 안 좋은 것 같아 의사를 찾아 갔다. 진찰을 마친 의사는 하루에 담배를 얼마나 피우는지 묻고는 심각한 어조로 말했다.

"앞으로 담배는 절대 피지 마십시오. 아마 생명에 위험이 있을지도 모릅니다. 앞으로는 절대 안 돼요. 절대!"

앞으로는 담배는 안 피우겠다고 약속한 최불암. 그러나 다음 날 병원에 입원하고 말았다.

병명은 "치질"

## 탁 구 I

최불암과 유인촌이 탁구를 치기로 했다. 탁구공은 최불암이, 탁구 라켓은 유인촌이 가져오기로 했다. 그런데 정작 시작을 하기 전에 서로 먼저 치겠다고 옥신각신하다가 반나절이 지나버리고 말았다.

결국 두 사람은 동전을 던져서 순서를 정하기로 합의를 했고, 동전을 던졌다.

그때 최불암이 비명처럼 한마디를 쏟아냈다.

"앗! 탁구공 안 가져왔다!"

## 탁 구 Ⅱ

최불암과 유인촌은 63빌딩 옥상에서 탁구를 치기로 했다.

공과 라켓을 안 가져온 사람에게는 1층까지 계단으로 내려가서 다시 계단을 올라오는 벌칙을 주기로 했기 때문에 밤이 되어서야 시작됐다.

달도 없는 밤, 유인촌의 서브.

유인촌이 스카이 서브를 최불암이 막 받아치려는 순간 갑자기 강풍이 불더니 공을 63빌딩 밖으로 날려버렸다.

공을 만져보지도 못한 최불암, 착잡한 기분으로 서있는데……

그때 갑자기 탁구대가 갈라지면서 드라큐라가 걸어 나왔다.

유인촌은 비명을 지르며 숨어버렸고, 겁에 질려 떨고 있는 최불암에게 드라큐라, 검지 손가락을 들어보이며

"1 대 0!"

## 탁 구 Ⅲ

유남규 선수와 현정화 선수가 연습 삼아 게임을 하기로 했다.

하지만 두 사람 모두 국가 대표로서 세계 최강의 실력을 갖고 있다 보니 좀처럼 점수가 나지 않았다. 시작한지 30분이 지났지만 어느 선수도 득점하지 못한 채 공만 오가고 있었다.

45분이 경과할 무렵, 현정화 선수가 그만 실수로 공을 놓치고 말았다.

이때 하늘에서 번개가 치고 갑자기 비가 쏟아지더니 탁구장 천장이 갈라지면서 용 한 마리가 내려오는 게 아닌가!

그런데 자세히 보니 용 위에 최불암 선생이 타고 있었다. 탁구장을 휘 둘러본 최불암, 탁구대에 올라서서 근엄하게 말했다.

"1 대 0 !"

## 탁 구 Ⅳ

노사연과 주병진이 탁구를 치는데 최불암이 심판을 보러 갔다. 공을 몇 번 주고받다가 갑자기 주병진이 최대한으로 있는 힘껏 공을 쳤다.

당황한 노사연, 얼떨결에 배로 공을 막아냈다. 노사연 배를 맞고 튕겨 나온 탁구공은 놀라운 스피드로 최불암의 얼굴을 강타했고, 최불암은 그 충격을 이기지 못해 계단으로 굴러 떨어졌다.

잠시 후 최불암, 질겁을 하고 있는 주병진과 노사연에게 올라오며

"1 대 0 !"

## 자동판매기

대형 자동판매기가 새로 설치되었는데 매일 인산인해를 이룰 정도로 장사가 잘되었다.

하루는 어떤 아가씨가 그 앞을 지나가다가 호기심에 한 번 사용해 보기로 했다.

자세히 살펴보니 검정색, 하얀색, 그리고 빨간색의 버튼이 있었고, 아무런 글씨도 씌어져 있지 않았다.

먼저 검은색 버튼을 눌러보았다,

그러자 최수종이 나와서

“펩시 여기 있습니다.

하며 콜라를 따라주었다.

흰색 버튼을 눌러보았다. 이번엔 변우민이 나와서

“사랑해요, 밀키스”

라고 말하는 것이었다.

마지막 빨간색 버튼을 누르자

"홍 · 삼 · 원"

엉뚱하게도 튀어나온 건 최불암 아저씨였다.

## 고향의 맛

은퇴한 최불암이 옛날의 명콤비 김혜자의 집을 찾아갔다.

김혜자는 최불암을 보더니 놀란 표정으로

"아니, 여긴 어떻게? 선물까지……."라며 고마워했다.

방에 들어와 앉은 최불암은

"옛날 젊어서 홍삼원 광고할 때 회사에서 평생 동안 먹을 홍삼원을 주더군요. 한번 마셔 봐요."라고 말했다.

김혜자는 최불암의 권유에 홍삼원을 쭉 들이키고는

"그래, 이 맛이야."

## 술 깬다, 깨!

최불암과 유인촌은 술집을 공동으로 경영하고 있었다. 하루는 술이 떨어져 읍내로 술을 사러 나갔다. 막걸리를 한 말 사가지고 돌아오는 길에 두 사람은 술 생각이 간절했으나 서로 술을 삼가기로 약속했던 터라 감히 말을 꺼내지 못하고 있었다. 최불암이 참다못해 1000원 짜리 지폐 한 장을 꺼내 한 사발 해야겠다고 했다

유인촌은 장사꾼인지라 물건이 팔리는데 마다할 수 없었다. 그런데 잠시 후 유인촌이 견딜 수 없어 1000원짜리를 도로 꺼내 한 사발을 했다. 이렇게 1000원짜리가 왔다 갔다 하다 보니 술집으로 돌아왔을 무렵 막걸리 한 말은 거의 바닥이 났다. 최불암은 감탄했다.

"놀랍군, 겨우 1000원을 가지고 우리 두 사람이 취하도록 마셨다니! 끅~."

## Coffee or Tea?

미국에 간 최불암, 영어회화가 좀 딸리기는 했지만 손짓 발짓으로 어떻게 되겠지 하며 고급음식점에 들어갔다. 메뉴판을 손가락으로 아무거나 찍어서 식사를 해결한 최불암에게 종업원이 다가왔다.

"Coffee or Tea?"

식사에는 후식이 커피와 홍차 중 하나가 마련되어 있었기 때문이다. 그 정도는 알아들었다는 표정으로 최불암은 자신 있게 대답했다.

"or"

## 의문문

중학교에 입학한 최불암은 영어시간을 제일 싫어했다. 왜냐하면 도대체 그 꼬부랑 글씨가 눈앞에서 어른거리기만 했지 정서에 영 안 맞는다고 생각했기 때문이었다. 그래서 영어시간에 꾸벅꾸벅 졸던 선생님께 들키고 말았다. 화가 난 선생님,

"불암이, 다음 문장을 의문문으로 바꿔보세요. 그러면 용서해 주겠어요. 자, You are a girl의 의문문은?"

그 정도는 자신 있다는 최불암,

"하하, You are a girl이니?"

## 5분 생활영어

영어를 몰라 수모를 당한 최불암은 금동이를 데려다놓고 영어를 배우기 시작했다. 오늘은 그동안 배운 영어를 시험 보는 날이다.

금동이 : 자, 제가 읽으면 해석해 보세요.
I'm sorry.
최불암 : 나는 쏘리입니다.

금동이 : How do you do?
최불암 : 너 어떻게 그럴 수가 있니?

금동이 : May I help you?
최불암 : 너 5월에 나 좀 도와줄래?

금동이 : Yes, I can.

최불암 : 네, 나는 깡통입니다.

## 미국에서 생긴 일

람보의 초청으로 미국에 갔던 최불암은 방문 첫날부터 한판 싸움을 벌이고는 한국으로 돌아와 버렸다. 첫마디부터 끝마디까지 시비를 걸기에 그랬다는 것이다. 그래 뭐라고 하더냐는 질문에 최불암,

"첫마디가 「Glad to meet you－너 잘났다」, 하더니 헤어질 때는 「See you again－두고 보자」라고 하잖아. 나쁜 놈들……"

## 영어 해석법

최불암의 환갑잔치에 지우인 람보가 자신이 아끼던 M-60을 선사하기 위해 먼 길을 찾아왔다. 최불암에게 람보는 따뜻한 축하의 말과 함께 선물을 주려는데 갑자기 버럭 화를 내며 쫓아버리는 사태가 생겼다.

람보는 너무나 최불암이 야속해서 미국에 도착해 편지를 썼다. 아들 인촌을 통해 편지를 받아 사정을 안 람보는 배를 움켜잡고 웃었다.

최불암의 영어 해석법

"Happy birthday to you!"

너 잘 났어!

## 이거, 광고 문구 아냐?

아내가 핼쑥해진 것  같다며 비싼 보약을 해 먹이자 힘자랑하고 싶어 몸이 근질거리는 최불암.

이만기에 전화를 걸어 저녁내기 팔씨름을 하자고 했다.

역시 상대가 상대인지라 좀처럼 승부가 나지 않았다. 땀을 뻘뻘 흘리며 30여분을 꼼짝 안하자 최불암이 이만기를 노려보며 조용히 말했다.

"자네 왜 이리 힘이 센가?"

그러자 이만기, 담담히 하는 말.

"저도 요즘 홍삼원을 마시거든요."

## 약국에서 생긴 일 I

약국을 경영하는 친구를 찾아간 최불암이 친구 대신 잠시 약국을 지키게 되었는데 마침 손님이 들어왔다.

손　님 : 쥐약 하나만 주세요.
최불암 : (근심스러운 표정으로)
　　　　쥐가 많이 아픈가보죠?

## 약국에서 생긴 일 Ⅱ

최불암이 약국을 개설했다.

어느 늦은 밤, 선글라스에 모자를 눌러쓰고 바바리코트 깃을 세운 어떤 남자가 조심스럽게 약국 안으로 들어왔다.

남　자 : (주위를 몇 번 두리번거리곤 낮은 목소리로)
저…… 마약 있습니까?

최불암 : 말(馬)이 어떻게 아픈데?

## 약국에서 생긴 일 Ⅲ

약사 최불암이 신문을 읽고 있는데 어떤 아주머니가 허겁지겁 달려왔다. 급하게 문을 열고 뛰어 들어온 아주머니는 아직도 숨을 몰아쉬며 5살 난 아들이 돈을 삼켰으니 어떡하면 좋으냐고 물었다. 그러자 최불암. 관심 없다는 듯이

"자식, 쪼그만 게 돈 맛은 알아서……

그래, 얼마나 많이 먹었는데요? 소화제 드릴까요?"

## 한양에서 온 FAX

정치가 민심을 수용하면 살기 좋은 세상이라 일컫는데, 때는 바야흐로 아래 위 할 것 없이 도둑이 판치는 세상.

한탕해서 해변에라도 가고 싶은 욕심이 동한 최불암, 그 도둑의 대열에 앞장섰다가 「범죄와의 전쟁」 선포 때 잡혀서 최불암은 귀양을 가게 되었다. 억울하기도 했지만 잘못을 했으니 어쩔 수 없어 목숨만 붙이고 살던 중, 한양에서 사약을 내려 엄중 처벌한다고 하는 것이 아닌가.

죽음을 앞둔 최불암. 슬피 우는 것도 잠깐, 사약을 마시려는데 그 순간 사람들이 말리는 것이 아닌가! 한양에서 팩스가 오고 있다고 말이다.

팩스의 내용이 무얼까 은근한 기대를 한 최불암의 눈앞에 보인 두 글자

"완샷"

## 검은 고양이 네로

어두운 밤길을 걷던 최불암은 무엇인가 검은 짐승이 따라옴을 느꼈다. 힐끗 돌아본 불암은 꼼짝도 할 수 없었다.

검은 고양이가 파란 눈깔을 번뜩이며 노려보고 있었기 때문이다. 평소 고양이를 싫어하던 불암은 '걸음아 날 살려라' 뛰기 시작했다. 그런데 아뿔사! 막다른 골목이었다.

결국 벽까지 몰린 불암에게 검은 고양이가 한발 한발 다가왔다. 그때 고양이를 향해 최불암이 말했다.

"가."

## 빨간색은 못 참아 I

최불암은 종종 길을 건널 때 파란 불이면 서 있다가 빨간 불이 켜져야 막 뛰어가곤 한다.

결국 어느 날 트럭에 치여 입원했고, 친구가 병문안을 왔다.

친　구 : 아니…… 왜 빨간 불에 건넜나?

최불암 : 요즘엔, 왠지 빨간색이 좋아져서……

## 빨간색은 못 참아 Ⅱ

최불암이 타고 가던 버스 옆을 갑자기 소방차가 싸이렌을 울리며 지나갔다.

그러자 최불암은 좁은 버스 안에서 손을 흔들고 고함을 치며 난리를 부리는 것이었다.

최불암 : 아저씨, 저 소방차 따라갑시다.

운전사 : 아니, 왜요?

최불암 : 요즘 왠지 빨간색이 좋아져서…

## 빨간색은 못 참아 Ⅲ

저명한 인사들이 모이는 어떤 연회석에 최불암도 초대되었다. 한껏 멋을 부리고는 갔지만 이런 자리가 처음인지라 얼떨떨한 최불암. 이것저것 음식만 축내고 있는데 음악이 귀에 들어왔다. 아마 춤을 추는 시간이라고 생각한 최불암은 저 멀리 빨간 옷을 입고 있는 사람이 눈에 띄었다. 앗, 빨간 옷! 사람 사이를 헤치고 뛰어가다시피 다가간 최불암은 정중히 함께 춤을 추자고 권했다.

"에잇, 퍽!"

최불암은 그 자리에서 쫓겨나고 말았다. 그 사람은 교황청에서 나온 대사였기 때문이었다.

## 빨간 불이면 어때!

빨간색 신호에서 길을 건너다 교통사고를 당했던 최불암이 드디어 퇴원을 했다. 그런데 한번 혼이 났으면서도 파란 불이면 가만히 있다가 빨간불이 켜지면 횡단보도를 마구 왔다 갔다 하는 짓을 계속하는 것이었다. 이를 본 교통순경 아저씨가 몇 차례나 주의를 주다가 드디어 최불암을 불러 세웠다.

교통순경 : 아니 왜 빨간불일 때 건넙니까? 그러다 다쳐요!

최불암 : 이히, 너도 해봐. 얼마나 재미있는데……

## 고상한 취미

유인촌은 최불암에게 궁금한 것이 있었다.
그래서 하루는 큰 맘 먹고 물어보기로 하였다.
"불암이형, 왜 매일 한 쪽만 빨간색 양말을 신고 다니는 거예요?"
"응~. 한 쪽은 집에 있어."

## 팔짱껴도 되나요?

오랜만에 영화촬영에 응한 최불암은 잠시 쉬는 시간을 이용, 강변에서 영화배우 최진실과 나란히 서있게 되었다.

붉게 물든 서산의 풍경 때문인지 갑자기 최불암은 팔짱이 끼고 싶어 졌다.

최불암 : 저, 진실이. 팔짱을 껴도 될까?

최진실 : (놀라는 표정으로)

안 돼요!

최불암은 별로 어렵지도 않은 부탁을 새파란 후배에게 거절당했다는 자존심 때문에 가까운 바위로 달려가 머리를 부딪쳤다. 계속 거절당하기를 몇 차례, 바위에 머리박기를 수차례를 거듭한 후 피투성이가 된 최불암은 마지막으로 한 번 더 물었다.

최불암 : 팔…… 팔짱 좀 끼게 해줘, 응?

결국 최불암의 용기에 감복한 최진실이 “예”하며 허락했고, 수줍게 손을 내밀었다.

그러나 아무 반응이 없었다. 최불암이 말한 팔짱은 혼자서 끼는 팔짱이었기 때문이다.

## 세월이 병

선생님이 질문을 던지자 최불암은 재치 있게 대답했다.

선생 : 머리가 수염보다 먼저 희어지는 이유를 아는 사람 있어요?
학생 : 그야 머리가 수염보다 20년이나 먼저 나니까 그렇잖아요.

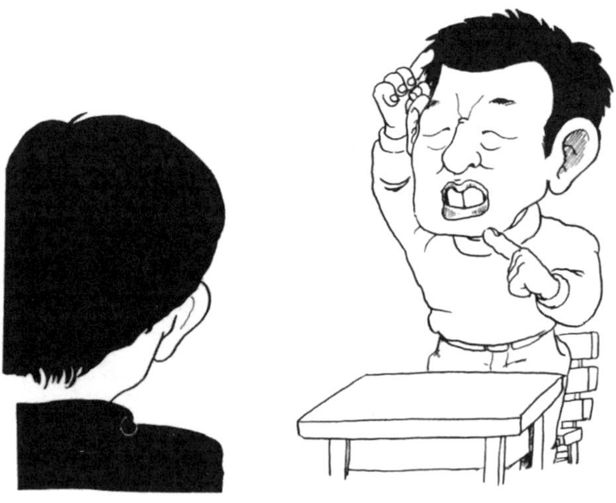

## 로버트 태권 V

마징가 Z에게 수모를 당한 최불암 씨는 로버트 태권V를 타기로 결심했다.

동해의 어느 바닷가, 최불암 씨는 바다 속에서 태권V를 불러내는데까지는 성공했지만, TV에서처럼 절벽에서 뛰어내리며 공중 2회전을 한 후 조종석으로 뛰어드는 일은 도저히 엄두가 나지 않았다. 할 수없이 모래사장에서 두 바퀴 구르고 다리부터 기어오르기로 했다.

다리, 허벅지. 허리……

천신만고 끝에 태권V의 조종실에 다다른 최불암 씨의 얼굴에는 기쁨의 눈물방울마저 글썽였다.

그때 태권V 하는 말,

"야, 내려!"

## 마징가 Z

최불암 씨는 마징가 Z를 타고 악당을 물리치는 것이 평생의 소원이다.

어느 날 빨간 장화, 빨간 헬멧, 빨간 옷을 입은 최불암 씨가 빨간 오토바이를 타고 한강 대교를 달리다가 펑크가 나는 바람에 난간 밖으로 튕겨져 나갔다.

'악! 이대로 죽을 순 없다. 마지막으로 내 평생 그리던 그리운 님을 힘껏 불러 보고나 죽자'고 생각한 최불암,

"마징~가"

를 힘차게 외치며 떨어졌다. 그런데, 아니 이게 웬일인가. 그 이름도 찬연한 마징가 Z가 나타났다. 얼떨결에 최불암은 조종석에 탁! 내려앉았다.

그때 마징가 Z가 하는 말
"마, 너 뭐야? 내려!"

## 완벽해

노트르담의 주일을 맞아 힘 있게 설교하던 성직자 최불암. 그는 하느님이 만든 것은 무엇이고 다 완전하다고 역설을 했다. 그러자 신도중 종탑의 꼽추가 일어나 이의를 제기했다.

꼽　추 : 저도 완전하단 말입니까?

최불암 : 완전하다마다요. 당신 같은 완전한 꼽추는 처음 봤습니다.

## 비디오 I

모처럼의 주말. 새로 VTR을 구입한 최불암은 온가족과 모여 앉아 「E · T」를 보기로 했다. 모두들 보지 못했던 영화였기에 영화가 끝났을 때는 감동의 박수를 치기도 했다. 그때 친구로부터 전화가 걸려 왔다.

"따르릉!"

"아, 자네 뭐하나? 지금? 지금 「주말의 명화」에서 「E · T」를 하는데 그거 재미있으니 꼭 보게."

"딸깍."

## 비디오 Ⅱ

비디오테이프를 사러 간 최불암, TV에서 방송한 적 없는 영화를 골라 달래서 집으로 돌아왔다.

그날 저녁. 온가족이 모여앉아 VTR을 보는데 야한 장면이 나오는 것이었다. 금동이를 의식한 최불암, 앞으로 빨리 돌리는 버튼을 찾으려고 허둥댔다. 그때 금동이 왈,

"그냥 놔 두세유~ 조금 있으면 손님이 찾아와서 주인공이 막 뛰어가는 장면으로 바뀔 꺼예유~"

## 따라하지 마 !

어느 날 노주현이 주차금지구역에 주차를 하는데 근처에 있던 주차단속원이 운전석으로 왔다. 이 여자단속원은 노주현을 보자

"어머머, 노주현 씨죠? 싸인 하나 해주셔요."

하며 좋아서 그냥 가버리는 것이었다. 이 말을 들은 최불암.

"나라고 못할쏘냐!"

하며 자기도 그쪽으로 차를 댔다. 역시 여자단속원이 왔는데 자신을 쳐다보더니 일언반구도 없이 가버리는 것이 아닌가. 최불암은 기분 좋게 볼일을 보러 건물로 갔다. 잠시 후 나와 보니 그의 차는 견인차에 묶여 끌려 가고 있었다.

## 면접 I

최불암은 새로 만들 영화의 주인공을 모집한다는 포스터를 접하고 영화배우가 되기로 결심했다.

면접하는 날 최불암이 영화사에 찾아갔더니 지원자가 이미 구름처럼 모여 있었다. 다행히 1번으로 면접을 하게 된 최불암. 면접관은 최불암에게 가장 자신 있게 할 수 있는 연기를 해보라고 주문을 했다. 잠시 생각한 최불암은 갑자기 문 밖으로 뛰어가더니 대기 중인 사람들을 향해 소리쳤다.

"오늘 면접은 끝났습니다. 돌아가세요."

## 면접 Ⅱ

영화사 면접에 떨어진 최불암. 이번에는 마음을 가다듬어 연극 오디션에서 승부를 걸어보기로 했다.

제작자 : 연기할 줄 아나?

최불암 : 지더러 연기할 줄 아냐고 물으셨당가요, 지가요~ 한번 은 죽는 시늉을 혔는디요. 보고 있던 사람 하나가 실감 나버린 연기에 기절 했당께요.

제작자 : 아니, 그게 누굽니까?

최불암 : 보험회사 사장이라나 뭐라나……

## 내꺼 아냐!

급한 볼 일이 생겨 화장실로 뛰어든 최불암은 자세를 취하려다 말고 나와 버렸다.

누군가 조준을 잘못하여 그 화장실에서 도저히 일을 치를 수 없었기 때문이었다. 그런데 그 사이 누군가가 밖에서 다음 차례를 기다리고 있는 게 아닌가.

순간, 스스로의 사회적 지위를 의식하곤 그 사람에게 한마디 둘러댈 수밖에 없었다.

"김 나나 봐!"

## 망했다?

한국 최고의 건축업자들이 모여 역사적인 「전국 건축업자 회의」를 하기로 하였다. 워낙 비중있는 회의였기에 행사를 주최하는 쪽에서는 저명한 사람을 사회자로 물색했고 인기탤런트 최불암 씨가 물망에 올랐다.

바쁜 와중이었지만 최불암 씨가 흔쾌히 허락, 사회를 보게 되었다. 그런데 최불암 씨는 연기에는 자신이 있어도 사회는 이번이 처음이었다.

행사 당일. 각계의 저명인사가 참여한 가운데 향후 한국 건설업계의 운명을 좌우할 회의는 무산되고 말았다. 최불암 씨가 매우 긴장한 속에서 개회사를 읽었기 때문이었다.

"오늘 이…이 모임에 공…공사……다…망하신…가…가운데도…

참…참석해 주셔서 감사…."

## 비오는 날의 우화

"띵동, 띵동"

여　자 : 저, 혹시 펩시 있으세요?

최불암 : 물론이죠.

(돌아서서 환호하며 껑충 뛰어본다)

끼얏호!

(최불암, 냉장고를 뒤져보지만 펩시가 없다)

최불암 : 다른 건 안 될까요?

여　자 : 없으면 됐어요.

최불암 : (더듬거리며)

아닙니다. 있어요.

(최불암, 창문을 열고 뛰어내려 차를 피하며 뛰어간다. 창 밖에 장대비가 쏟아진다)

(최불암, 돌아왔지만 그 사이 창문이 잠겨 있다)

"쨍그랑"

(창문 유리 깨는 소리)

최불암 : (음료수를 건네며)

자, 여기 있습니다.

(그러나 그 순간 여자는 최불암의 따귀를 때리고 돌아서 가버린다)

왜냐하면 최불암이 사온 건 「홍삼원」이었기 때문이다.

## 선물

서울로 시집간 딸아이가 최불암의 생일을 맞아 선물을 보냈다. 며칠 뒤 안부를 묻는 딸의 전화.

딸 : 아버님, 제가 보낸 새는 잘 받으셨어요?

최불암 : 그래. 그놈 참 맛있더구나.

딸 : 아니, 그걸 잡아먹었단 말이에요? 그게 얼마나 비싼 건데… 그건 말도 할 줄 아는 앵무새란 말이에요!

최불암 : 어? 그저! 이상하다~그런데 왜 잡는 동안 말 한마디 안했을까? 네가 속은 건 아니냐?

## 연상게임 I

문제 1) 냉장고에 코끼리를 집어넣는 3단계 방법은?

답) 1단계- 냉장고 문을 연다.

2단계- 코끼리를 넣는다.

3단계- 냉장고 문을 닫는다.

문제 2) 냉장고에 기린을 넣는 4단계 방법은?

답)1단계- 냉장고 문을 연다.

2단계- 코끼리를 꺼낸다.

3단계- 기린을 넣는다.

4단계- 냉장고 문을 닫는다.

## 연상게임 Ⅱ

문제) 의사, 정치가, 신학자가 타고 가던 비행기가 고장으로 추락하게 되었다.

그때 갑자기 신이 나타나 모두를 구할 수는 없으니 비행기에서 생명체를 하나만 밖으로 버리면 나머지 생명체는 살 수 있게 해주겠노라고 했다.

의사, 정치가, 신학자 모두들 서로 죽을 수 없노라고 항변을 하며 엎치락 뒤치락 하였다.

결국 비행기는 무사히 착륙하였다.

과연 무엇이 떨어졌을까?

답) 조금 전 냉장고에 넣어두었던 기린을 꺼내 밖으로 버렸다.

## 연상게임 Ⅲ

최불암과 김혜자가 설악산으로 여행을 갔다. 김혜자는 벼랑 꼭대기에 핀 도라지꽃이 갖고 싶어 최불암에게 말했다.

“불암씨, 저 꽃 꺾어주실 수 있겠어요?

벼랑이 가파르긴 했지만 최불암은 열심히 올라갔다. 거의 다 올라가 어렵게 꽃을 꺾으려는 순간, 갑자기 김혜자의 애절한 목소리가 들려왔다.

“안돼요, 그 꽃을 꺾으면 제가 죽어요.”

비록 어렵게 올라갔지만 그래도 사랑하는 사람의 간절한 부탁이므로 최불암은 그냥 내려왔다.

그런데 꽃도 꺾지 않고 내려왔는데, 내려와서 보니 김혜자가 죽어 있는 게 아닌가!

문제) 김혜자는 왜 죽었을까요?

답) 아까 비행기에서 떨어진 기린에 깔려서

## 일기

x월 x일 x요일 날씨 : 흐릴까말까 에라, 흐리자

정말 너무 억울해 잠도 안 옵니다. 왜냐하면 오늘 선생님은 “돌다리도 두들겨 보고 건너라”고 말씀하셨기 때문에, 집에 오는 길에 한강대교를 두들겨보느라고 새벽 2시가 되어서야 집에 올 수 있었습니다. 그런데 엄마가 화를 내며 막 때렸습니다. 쬐끄만 놈이 늦게 다닌다고…… 정말 죽도록 맞았습니다.

에이, 다시는 학교에 가나봐라.

## 김치를 먹다가

오늘 낮에 대학로에서 람보를 만났다. 오랜만에 만나기도 했고 그간 계속되는 경쟁이 우리의 우정을 더욱 돋아나게 했다는 생각이나 최불암은 람보에게 점심을 샀다.

의견의 일치를 보아 보쌈을 맛있게 먹는데 아뿔사! 김치가 한쪽 남은 순간이 온 것이다. 나는 워낙 마지막 하나에 대한 집착이 강했다.

나 인간 최불암은 람보의 젓가락이 김치에 닿자 용기를 내어 이를 악물고 말했다. 혈전을 불사하면서,

"람보야, 찢어~"

## 상경기

모처럼 서울 나들이를 나선 최불암. 서울로 시집온 딸아이의 안내를 받아가며 여기저기 구경을 하고는 최불암은 시골로 돌아갔다. 집에 돌아온 최불암에게 김혜자가 물었다.

김혜자 : 그래, 서울 구경은 재미있었수?

최불암 : 아니, 시끄럽구 복잡하기만 했지 볼 만한 것은 별로 없더구만,

김혜자 : (바짝 다가앉으며)그래도 기억나는 게 있을 것 아니우. 뭐 신기한 것 없디까?

최불암 : 글쎄, 뭐…… 절이 많던데. 「관진사」라던가?

## 휴! 살았다

지리산 등반에 올랐던 최불암은 깊은 산중에서 그만 길을 잃었다. 며칠을 해매다 꼼짝없이

죽는구나했던 어느 날 밤.

멀리서 불빛이 보여 미친듯이 달려갔다. 살려달라고 소리치며 달려가 보니 헤드라이트를 켠 영구차가 있었다. 왠일로 차 안에 사람은 없고 국화꽃만이 많이 있었다. 이상히 여겼지만 그래도 살았다고 큰 숨을 내쉬고 차창에 머리를 기대고 잠을 청하기로 했다.

그런데…… 눈을 감는 순간 하얀 손이 창에 나타나더니 톡톡 두드리는 것이다!

고개를 내미는 순간 차 뒤편에서 남자와 여자들이 소리를 쳤다.

"야, 넌 차 안 밀꺼야!"

## 워크맨

엠프, 턴 테이블 등 오디오 세트를 들고 수리 점에 가던 사람이 최불암과 부딪쳤다.

넘어지면서 오디오 세트에 깔린 최불암, 미안하다며 일으켜주는 젊은이와 오디오 세트를 번갈아 쏘아보며 그 특유의 목소리로 하는 말,

"이보게, 젊은이. 다른 사람들처럼 워크맨을 쓰지 그러나?"

## 바로 접니다 Ⅰ

판매원 최불암은 어느 회사 중역의 방에까지 들어가는데 성공했다.

중　역 : 여기까지 들어온 걸 보면 설득력이 대단한가보군. 비서 얘기가 벌써 15번째 판매원을 쫓아냈다는데……

최불암 : 압니다. 15명 모두 저였거든요

## 바로 접니다 Ⅱ

즐거운 과학시간. 선생님은 에디슨, 벨, 와트슨 등에 대해 재미있게 말씀을 해주셨습니다. 그리고 그들이 발명한 축음기, 전구, 전화, 증기기관차 등을 나열하신 후 문제를 하나 내셨습니다.

선생 : 지금부터 20년쯤 전에는 없었던 것을 한 가지 말할 수 있는 사람?
그래, 불암이 말해 봐요.

불암 : 저요.

## 헐크의 분노

최불암이 안주감이 모자라 포장마차에서 깡소주를 마시고 있을 때의 일이다. 희미한 불빛아래서 인상을 팍팍 쓰며 소주를 마시고 있는데 옆에서 소주를 먹고 잇던 깡패 같은 사내가 최불암을 보고는

"기분 나쁘게  저 짜식이 인상을 써?"

하더니, 갑자기 칼을 꺼내 최불암 어깨를 찔렀다. 그러자 고통스러운 얼굴로 괴로워하던 최불암의 옷이 찢어지고 근육이 요통치기 시작했다.

"으 으 으 으 으-"

드디어 헐크로 변신한 최불암, 깡패를 노려보며

"빼!"

## 요술램프와 3가지 소원

난파선에서 구사일생으로 탈출한 최불암과 트럼프, 시진핑이 무인도에 도착했다.

먹을 것을 찾던 시진핑과 트럼프는 우연히 한 램프를 발견했다.

"이거 혹시……?"

트럼프와 시진핑은 램프를 문질러보았다. 아니나 다를까

"펑"

하며 거인이 나타나 소원을 말하면 들어준다고 했다. 그런데 딱 3개밖에는 안 된다는 것이 조건이었다. 먼저 트럼프가 미국으로 보내달라고 했다.

"뿅!"

소원대로 트럼프는 미국으로 보내졌다. 다음, 시진핑 역시 중국에 보내달라고 했다.

"뿅!"

시진핑 역시 중국에 도착했다. 아직 한 가지 소원이 남아있는 거인은 주위를 둘러보다가 나무 밑에서 자고 있는 최불암을 발견하고는, 소원을 들어주기 위해 흔들어 깨웠다. 아직 잠이 덜깬 최불암, 주위를 둘러보더니

"음…… 음…… 어? 이 얼라들 어데갔노? 야, 도로 데려온나!"

## 전생의 비밀 I

지나가던 스님에게 최불암이 시주를 하자 스님은 보답으로 관상을 봐주겠다고 했다.

관상을 보던 스님은 근심어린 목소리로 최불암의 얼굴에 죽음의 그리자가 보인다고 했다.

전생에 최불암은 어떤 사람을 죽였는데, 그 사람이 현세에 태어나 복수의 때를 기다리고 있다는 것이다.

다급하게 묻는 최불암에게 스님은 같은 분야에서 일하는 사람이며 성은 「배」씨라고만 이야기하고 입을 다물었다. 왜냐하면 천기를 누설할 수 없기에 더 이상 가르쳐줄 수 없다는 것이었다.

그러나, "배일집, 배연정, 배한성…… " 배씨 성을 가진 방송인을 하나하나 추적하던 최불암은 드디어 그 사람을 찾아냈다.

"배트맨~"

## 전생의 비밀 Ⅱ

유명하다는 「도사선생」이 최불암을 찾아와 그의 전생에 대해서 이야기하고 있다.

도　사 : 전생에 당신과 각별했던 두 사람의 친구가 지금 바로 곁에 있으면서도 못 알아보고 있구만.

최불암 : 뭐라구요?

도　사 : 어허, 그런데 그 중 한 사람은 전생의 업보가 많아 짐승으로 태어났구료.

최불암 : 도사 선생님, 그게 누굽니까?

도　사 : 거참, 천기를 누설해도 될까?
바로, 바로……
"영구하고 땡칠이!"

## 건망증

건망증으로 병원을 찾은 최불암 씨에게 의사는 처방을 일러주었다. 중요한 일을 기억하려면 해야 할 일을 생각하며 손가락에 실을 묶어놓으면 된다는 것이었다. 그러면 나중에 손가락을 보고 그 일을 기억해낼 수 있다는 것이었다.

어느 날 왜 손가락에 실을 묶어 놓았는지 기억이 나지 않아 새벽 2시까지 골똘이 생각하던 최불암 씨는 드디어 기억을 해낼 수 있었다.

내용인 즉. 내일은 할 일이 많으니 오늘도 일찍 잘 것!

## 불량품

하루는 최불암이 투덜거리며 방송국에 나타났다. 연유를 묻는 동료들에게 최불암이 말했다. 어제 팬티를 석 장 샀는데 모두 불량품이라서 바꾸러 갔더니 안 바꿔주더라는 것이었다. 그래서 할 수없이 모두 버렸다며 계속 투덜거렸다. 어디가 잘못되었냐는 질문에

"아 글쎄 앞은 막혀있고 궁둥이가 죄다 터져 있잖아, 나참~"

## 잠입! 학생부

한 주의 시작인 월요일.

다른 날보다 학생지도가 심한 날이었는데도 무슨 깡으로 앞머리를 그렇게 세웠던지. 학생부 선생에게 걸린 한 학생은 생활성적이 깎이는 게 두려워서 그날 밤 학생부에 들어가 자기의 이름을 지우기 위해 잠입을 하는데 성공했다.

헌데, 복도 저쪽에서부터 "뚜벅 뚜벅 뚜벅" 하는 소리가 점점 가까워지고 있는 게 아닌가. 숨을 죽이고 떨고 있는데 어둠 속에 나타난 최불암.

"내 것도 지워, 잉~"

## 장사 I

수사반장 최불암이 동료 형사와 함께 「뻥튀기 장사」로 변장하고 잠복근무를 하고 있었다.

한 꼬마가 고철을 한 아름 들고 와서 뻥튀기 10개로 바꿔 주었다. 그런데 조금 뒤 다른 꼬마가 고철을 조금밖에 안 가져왔는데도 뻥튀기를 10개나 주는 것이었다. 이상하게 생각한 동료 형사가 왜 그렇게 파느냐고 물었다. 그러자 최불암, 그것도 모르냐는 듯이 바라보며

"기냥."

## 장사 Ⅱ

최불암이 솜사탕 장사를 하게 되었다.

개업 첫날 한 꼬마가 1000원을 냈다, 축구공만한 솜사탕을 만들어 주었다. 그리고 다음 꼬마가 500원을 냈다. 이번에 농구공만한 솜사탕을 주었다.

인심이 좋은 아저씨라고 생각한 꼬마가 5000원짜리를 만들어 달라고 했다. 그런데 골프공만한 솜사탕을 주는 게 아닌가!

너무도 이상하게 생각한 꼬마가 왜 이렇게 주느냐고 따졌다.

그러자 최불암,

"더 줄게."

# 장사 Ⅲ

읍내 장터에서 철물점을 개점한 최불암 가게 안으로 막차가 끊길 무렵 한 청년이 허둥지둥 뛰어 들어왔다.

청　년 : (다급하게)아저씨, 쥐덫 하나 주세요. 지금버스가 막 떠나려 하거든요.

최불암 : (여기 저기 가게 안을 뒤적이다가) 우리 집엔 그렇게 큰 쥐덫이 없구만.
그런데 버스는 잡아서 뭣에 쓸려구?

## 축구를 하다보면

20만의 관중이 「꾸역꾸역」 운집한 잠실 종합운동장.

축구 강국 아르헨티나 프로축구팀과 한국의 경기가 벌어지고 있었다.

서로 아무런 득점 없이 진행되던 경기 종료 1분전.

급해진 아르헨티나 팀이 40m 전방에서 슛을 쏘았다. 땅볼로 통통 튕겨오던 축구공. 그런데 이 일을 어쩐다냐?

골대 앞에서 불규칙 바운드가 일어나 골인이 되고 말았다.

그 순간 하늘이 쫙 갈라지더니 구름을 탄 최불암이 내려와 하는 말.

"1 대 0 !"

## 무조건 싸게 해주세요.

읍내에 5일장이 열렸다. 장날 구경을 가겠다는 최불암에게 바가지를 쓸 것을 걱정한 김혜자는 물건을 사고 싶을 때는 "무조건 싸게 해주셔요"라고 말해야 한다고 일러주었다.

장에 나온 최불암, 어느 약장사가 약을 파는 곳에 다다랐다. 원숭이, 각목, 차력사…… 무조건 싸게 해달라는 최불암은 하나도 깍지 못하고 물건을 한 아름 사오고 말았다.

그 약장사는 "변비약"을 팔고 있었기 때문이었다.

## 배트맨 Ⅰ

최불암이 잠을 자는데 꿈속에 배트맨이 나타나 무슨 일이든 도움을 청하면 도와주겠다고 하고는 사라졌다.

하루는 최불암이 오락실에서 오락을 하는데 강호동보다 덩치가 큰 깡패가 시비를 걸어왔다. 위급한 최불암은 배트맨을 부르려 했으나 이름이 "배트"까지밖에 기억나지 않았다.

"배트……, 배트……, 그렇지! 배트~콩"

그랬더니 정말 배트맨이 나타났다. 그런데 깡패는 가만 놔두고 오히려 최불암을 마구 때리는 게 아닌가.

어이가 없는 최불암이 엉엉 울며 왜 그러느냐고 묻자

배트맨,

"야, 너는 최불알이라고 부르면 기분이 좋냐?"

## 배트맨 Ⅱ

배트맨이 식당에서 밥을 먹고 나오다가 문 앞에서 최불암과 마주쳤다. 한동안 움직일 줄

모르고 눈싸움을 하던 배트맨은 도저히 안 되겠는지 도망치기 시작했다. 배트맨 자동차를 타고 도망가는 배트맨을, 한 손에 기관총을 든 최불암이 오토바이를 타고 쫓아갔다. 기관총을 맞고도 끄덕하지 않자 최불암은 바주카포를 꺼냈다.

쾅, 슈우~ 펑, 끼이익, (배트맨 차 박살나는 소리)

영구머리에 거지꼴로 겨우 뛰어내린 배트맨에게 권총을 꺼내든 최불암이 다가간다.

배트맨을 한 손으로 일으킨 최불암, 그의 얼굴을 노려보며

"밥풀 떼!"

## 가정교사 최불암

가정교사가 된 최불암이 두 명의 학생을 맡아 가르쳤다.

하루는 숙제를 냈는데 한 아이는 반만 또 다른 아이는 하나도 해오지 않았다.

그래서 최불암은 둘 다 똑같이 10대를 때렸다.

그러자 숙제를 반만 한 학생이 눈을 부릅뜨고 주먹까지 불끈 쥐면서

"저는 반을 해왔는데 왜 똑같이 10대씩 때리는 거예요?"

라고 말하자

심각한 얼굴을 한 최불암,

"미안해"

## 스타일

최불암의 처는 나이가 들면서 최불암이 자신에게 무관심을 보이는 것 같아 시내쇼핑 중에 구입한 가발을 쓰고 최불암의 사무실을 불시에 방문했다.

처　: 최 과장님, 오늘 저하고 저녁이라도 드시는 것이 어떨지?
최불암 : (얼굴을 찡그리며)
　　　당신의 얼굴은 내가 요즘 가장 혐오하는 스타일이오.

## 출근 I

취업난이 심한 요즘 우수한 성적으로 대학을 졸업한 우리의 스타 최불암. MBC에 당당히 입사를 했다. 그런데 출근 첫날 보기 좋게 지각을 한 것이다.

사　장 : 왜 정시에 출근하지 못한 거요?

최불암 : 왜요? 무슨 일이 있었어요?

## 출근 Ⅱ

사장이 된 최불암이 제일 중요하게 생각하는 것은 출근시간의 엄수다.

신입사원을 뽑은 첫째 날. 처음부터 기강을 잡아야겠다고 다짐한 최불암은 회사 안을 돌아보다 한 사람이 아직 출근하지 않은 것을 발견했다. 한 시간이나 늦게 출근한 신입사원. 온몸에 붕대를 감고 있었다.

신입사원 : 아침에 계단에서 굴렀습니다.

최불암 : 뭐야? 자네는 한 시간 동안이나 계단을 굴렀단 말인가? 멍청한 놈!

## 깡패 퇴치법

병문안을 온 최불암에게 일용이는 깡패를 퇴치한 영웅담을 들려주었다. 길을 가다 3명의 깡패를 만났는데……어쩌구, 저쩌구……모두 물리치고 이렇게 병원에 입원했다는 것이었다.

며칠 뒤 최불암이 길을 걷다가 5명의 깡패를 만났다. 일용이가 해준 말이 기억난 최불암은 정면 돌파하기로 결심했다.

먼저 칼로 배를 찌르고는 휘 그었다. 그러자 겁에 질린 깡패 1명이 도망갔다. 그리고 뱃속의 창자를 꺼내 보였다. 또 한명이 도망갔다.

'마지막이다. 조금만 참으면 돼. 그리고 병원에 가는 거야' 생각하며 창자로 줄넘기를 해보았다. 또 한명이 도망갔다.

어? 그런데 아직도 두 명이 남아있는 것이 아닌가! 다급한 최불암은 x자 꺽기를 시도 했다. 결국 모두 도망갔다. 그러나 그 순간 발에 창자가 걸려 죽어 버렸다.

잠깐! 기초 상식하나,

사람은 창자가 꼬이면 죽는다.

## 돈 있으면 무슨 일을 못해

최불암은 페인트칠에 자질이 뛰어나 시간당 이만 오천 원을 받고 어느 집의 페인트칠을 맡았다. 집주인이 저녁쯤에 집에 와보니 최불암은 나무 아래서 나자빠져 잠을 자고 다른 사내가 페인트칠을 하고 있는 것이 아닌가!

주 인 : 어떻게 된 겁니까, 최불암 씨.
최불암 : 시간당 삼만 원씩에 하청을 준겁니다.

주 인 : 난 이만 오천 원밖에 주지 않을 텐데 어떻게 삼만 원에 하청을 준단 말입니까?

최불암 : 사람이 세상에 태어나서 사장노릇 한번 해보려면 어디 돈 안들이고 되겠어요.

## 천하무적

군대에 입대한 최불암은 사격에서만은 영 빵점이었다. 도대체 어디다 총을 쏘는지 분간도 할 수가 없어 고민하던 중대장은 최불암에게만 특별히 나무로 만든 총을 지급하고는 "총 총"하고 소리치면 총알이 나간다고 일러주었다.

전쟁에 참전한 최불암. 최전방에서 몰려드는 적군을 향해 총을 쏘며 달려갔다.

"총 총 총총총"

그러자 이에 놀란 적군이 모두 도망가는데 유독 한 병사만 낮은 포복으로 계속 질주 해오는 게 아닌가. 몇 번을 최불암이 "총! 총!" 해보았지만 그는 죽지 않고 점점 가까이 다가왔다. 겁에 질린 최불암 앞에까지 다가온 병사는 뭐라고 중얼거리고 있었다.

"탱-크, 탱-크"

## 사과면 사과, 아이스크림이면 아이스크림

최불암이 먹기만 하면 대변으로 그냥 나오는 병에 걸렸다. 사과를 먹으면 사과가 그냥, 밥을 먹으면 밥이 그냥, 아이스크림이면 아이스크림, 바나나면 바나나, 옥수수면 옥수수, 통닭이면 통닭, 족발이면 족발…… 항문을 통해서 그대로 나오는 것이다.

그러니 그 속이 얼마나 아프겠는가. 대놓고 예기할 수도 없어 잘 알고 지내는 유인촌 약국을 찾아가 자기의 병해 대해 상담을 했다.

그러자 유인촌은 그럼 항문으로 먹고 입으로 대변을 봐보라는 의견을 내놓았다. 집으로 돌아온 최불암은 그 처방을 받아들여 항문에다 밥을 쑤셔 넣기 시작했다. 그리고 나서 화장실에 가 입으로 대변을 봐보니…… 진짜로 대변이 나오는 것이었다.

그래서 다음날 아침 유인촌 약국을 찾아가 고맙다는 인사를 한 후 일어서서 가는데 최불암이 엉덩이를 "살래~ 살래~" 흔드는 것이었다. 이상도 해라. 유인촌은 물었다.

"왜 엉덩이를 살래살래 흔드십니까, 불암씨?"
"저 말이죠, 지금 껌 씹는 중이걸랑요."

## 불만이야?

최불암이 과속으로 차를 몰다가 교통순경에게 붙잡혔다. 교통순경이 최불암을 노려봤다. 그러자 최불암도 질세라 교통순경을 째려봤다.

한참을 그렇게 서있던 교통순경이 입을 열었다.

"당신, 불만이야?"

그러자 최불암.

"아니요, 전 불암인데요."

## 전쟁놀이

한 손에 총, 다른 손에 수류탄을 든 최불암이 술집에 들어서기가 무섭게 마구 총을 쏘아 댔다.

"탕, 탕, 탕탕탕! 슈~욱 꽈꽝!"

한바탕 소란을 부리던 최불암은 죽은 듯 엎드려 있는 사람들을 번쩍이는 눈빛으로 둘러보았다. 아무도 움직이는 사람이 없자, 테이블 위로 뛰어 올라간 최불암.

엄지손가락을 내밀어 높이 쳐들더니 말했다.

"전쟁놀이 할 사람 여기 붙어라."

## 한밤의 북소리

최불암의 대학시절. 술에 만취한 친구를 업고 집까지 바래다주고는 통행금지에 걸려 하루 신세를 지게 되었다.

잠이 막 들려는 무렵, 목이마른지 벌떡 일어난 친구는 물을 주전자채로 벌컥벌컥 마시더니 갑자기 머리를 방바닥에 좌로 3번, 우로 3번 박치기하더니 자버리는 것이었다. 이상하게 생각한 최불암, 자기도 주전자채로 물을 벌컥벌컥 마셔보았다. 그리고 머리가 부셔져라 좌로 3번 우로 3번 방바닥에 부딪치는 것이었다.

최불암 왈,

"망할 놈, 뜨거우면 뜨겁다고 말이나 할 것이지, 죽는 줄만 알았네."

## 단 한마디

최불암은 아는 사람이 앞에 있으면 몰래 다가가 뒤통수를 때리는 고약한 버릇이 있다.

오늘도 길을 가는데 앞에 아는 여자가 가고 있었다.

'으흐, 기회는 바로 지금이닷!'

최불암은 조용히 다가가 뒤통수를 한 대 "퍽" 때렸다. 아뿔사,

그런데 고개를 돌린 여자를 보니 모르는 사람이었다.

최불암을 돌아본 그 여자, 단 한마디로 최불암의 고개를 숙이게 만들었다.

"대!"

## 비밀회의

아직 어둠이 채 가시지도 않은 새벽녘. 미명의 도시 속을 검은 승용차가 질주하고 있다. 같은 시각, 서울 인천 간 고속도로에서도 한 대의 은색 승용차가 빠른 속도로 서울을 향해 달려오고 있었다.

하나, 둘, 한강변의 어느 집 앞에는 고급 승용차들의 주차가 눈에 띄게 늘어나고 있다.

그때 소리도 없이 경기용 오토바이가 그 집문 앞에 서더니 가죽잠바 차림의 선글라스를 낀 사내 하나가 급히 그 집안으로 뛰어 들어갔다. 사방을 둘러보며 바람처럼 사라지는 그의 모습이 예사롭지가 않다.

집안에는 테이블이 놓여 있었고, 예닐곱 명의 사내들이 자리하고 있었다. 아직 동이 트지 않았기에 얼굴을 확인할 수 없지만 분위로 보아 한국의 문화계를 움직이는 사람들이 틀림없어 보인다.

가죽잠바의 사내가 급히 뛰어 들어오더니 자리에 앉기가 무섭게 말했다.

"자, 다음 최불암 시리즈는 뭘로 할까요?"